Henri IV
亨利四世

Françios Bayrou

[法] 弗朗索瓦·贝鲁 著

张红婕 何红梅 陈晨 李捷 译

中国社会科学出版社

图字：01-2020-0067 号

图书在版编目 (CIP) 数据

亨利四世 /（法）弗朗索瓦·贝鲁著；张红婕等译 . -- 北京：中国社会科学出版社，2020.3

书名原文：Henri IV

ISBN 978-7-5203-6000-5

Ⅰ. ①亨… Ⅱ. ①弗… ②张… Ⅲ. ①亨利四世 – 传记 Ⅳ. ① K835.657=332

中国版本图书馆 CIP 数据核字 (2020) 第 026908 号

HENRI IV raconté par François Bayrou

©Perrin,1998

出 版 人	赵剑英
选题策划	赵剑英
责任编辑	安　芳
责任校对	张爱华
责任印制	李寡寡

出　　版	中国社会科学出版社
社　　址	北京鼓楼西大街甲 158 号
邮　　编	100720
网　　址	http:// www.csspw.cn
发 行 部	010-84083685
门 市 部	010-84029450
经　　销	新华书店及其他书店

印刷装订	北京君升印刷有限公司
版　　次	2020 年 3 月第 1 版
印　　次	2020 年 3 月第 1 次印刷

开　　本	880×1230　1/16
印　　张	9.75
字　　数	123 千字
定　　价	128.00 元

凡购买中国社会科学出版社图书，如有质量问题请与本社营销中心联系调换
电话：010 - 84083683

版权所有　侵权必究

弗朗索瓦·贝鲁（François Bayrou），字白虎。法国具有重要影响力的政治家，是马克龙总统竞选成功的关键人物，曾任法国国务司法部部长、法国国家教育部长、比利牛斯－大西洋省国民议会议员、比利牛斯－大西洋省议会主席、欧洲议会议员，现任法国民主运动党主席、波城－贝阿恩－比利牛斯城郊共同体主席、波城市市长、波城孔子学院董事会主席。贝鲁先生业余时间爱好写作，出版专著二十余部。

译者前言

法国历史上，16世纪下半叶因为宗教战争的爆发而变得血迹斑斑，新教和天主教两大阵营的敌对行为，在欧洲错综复杂的政治格局影响下，双方多次爆发大规模的流血冲突。在这种背景下，被法国人民赞誉为"贤明王亨利"的亨利四世（法语：Henri IV，1553–1610年），使法国摆脱了漫长的混乱状态，重新建立了一个统一且蒸蒸日上的法国。他是法国历史上人格和政绩都十分完美的国王之一。

亨利四世本名亨利·德·纳瓦尔（Henri de Navarre），原为纳瓦尔王国（今西班牙北部的一个自治区，与法国接壤，濒临大西洋）国王。亨利四世出身高贵，身世显赫，其父系家族为波旁家族，与统治法国的瓦卢瓦王朝国王们都是圣路易（即法国卡佩王朝国王路易九世）的后代。亨利的外公纳瓦尔国王亨利·德·阿布莱特，迎娶了法国国王弗朗索瓦一世的妹妹玛格丽特，因此亨利四世与法国瓦卢瓦王室存在姻亲关系，与法国国王查理九世、亨利三世为表亲关系。因此原因，依照《萨利克继承法》，在亨利三世的弟弟弗朗索瓦·德·阿朗松离世后，亨利·德·纳瓦尔成为后继无子的亨利三世的合法继承人。他继承法国王位后，开始了波旁王朝在法国的统治。

亨利四世是一位以大局为重的君主。为了顾全大局，他数次改变信仰。他那句名言"为了巴黎做一场弥撒是值得的"，流露出牺牲小我、成全大我的抱负，怀着结束国家苦难的目的，他毅然宣布放弃新教信仰，改信天主教，得以入主天主教城市巴黎，真正行使法国国王权力。1598年颁布的《南特敕令》是"基督教欧洲国家实行宗教宽容政策的第一个范例。从法律上正式承认每个人享有信仰自由，并给以切实保障，这是法国宗教改革运动和宗教战争的伟大成果"，从而使法国新教、天主教教派全面和解，结束了可能导致民族分裂的灾难性内战，重振长期动乱中濒临倾覆的法国王权。

亨利四世是一位出色的谋略家、军事家。亨利四世的一生见证了无数杀戮、抵抗、战争和阴谋，圣巴托罗缪大屠杀之夜后，他被软禁法国王宫，忍辱负重地活着。他精心筹谋策划，得以逃离王宫回到他的王国；而亨利14岁时就被母亲送上前线，一生戎马生涯中，那些可歌可泣的战役，如库特拉战役、阿尔克战役，他在战场上精心的布置、准确无误的战略战术、出色的军事才能、身先士卒的英勇行为，为他赢得多次战役的胜利和士兵的拥护与爱戴；在"三亨利之争"的较量中，他善于利用敌方矛盾，妥当处理与法国国王亨利三世、天主教"神圣联盟"领导者亨利·德·吉斯的关系，使他在政治斗争中成为最后的赢家。

亨利四世是一位有大爱的君主。他关注各个阶层的臣民，同情地位最卑微的阶层，作为大领主的他经常与低贱的烧炭工、与贫苦的农民同桌用餐、谈笑风生。在博物馆的画作中，我们会见到亨利的身影，他舍弃宫廷的华美服饰，衣着粗糙的猎人装、士兵服常常微服私访，体察民情。他的名言"我希望每个法国人每星期天锅里都有只鸡"，饱含了他对臣民深厚的关切之情；对待部下，他如普通人一般与他们交谈，以军中亲昵的你相称，叫的是充满友情的小名，在16世纪末期这段如此频繁更换宗教信仰的时期，他的朋友们、部下们始终是他坚

译者前言

定的支持者；对待战俘，他也宽仁相待，及时制止可能产生的屠杀行为，将在战争中牺牲的军官送回他们的阵营，以便他们享有宗教荣誉。

本书以朴实的语言再现了亨利四世跌宕起伏一生。作者弗朗索瓦·贝鲁（法语：François Bayrou，1951年生），系法国著名政治家、作家；现任法国民主运动党主席、法国波城市（Pau）市长，法国波城贝阿纳比利牛斯城市联合体主席；曾任法国司法部部长、法国国民教育部长、欧洲议会议员等职务。曾著有《受错误教育人的十年》《亨利四世——自由的国王》《意义的权利》等著作。

本书译者张红婕、何红梅、陈晨、李捷，均为西安外国语大学教师，该翻译团队成员长期从事法语语言与文学专业教学科研工作，发表论文16篇，出版专著、译著3部，如《一种新辞格理论》《美学实在论》《普鲁斯特研究》，主持并参与各级各类项目10项。该翻译项目已获批2019年度西安外国语大学校级科研项目（"国别和区域研究"专项项目，项目名称："亨利四世的历史再现与拾遗"，项目编号：19XWD24）。

该书翻译有幸得到我校2016级宋玉婷、李同超、张燕燕三位同学鼎力协助，特别是宋玉婷同学在图片排版、图片内容处理、索引部分校对等方面为我们提供了珍贵的帮助，在此一并致谢。

2019年11月21日于西安

目　录

母羊与狮子 | 3
前程远大的婴儿 / 5
边框文字：曾经的纳瓦尔 / 6

幸福的童年，动荡的童年 | 8
亨利·德·阿布莱特的礼物 / 11
小王子的第一步 / 13
向法国国王引见亨利 / 14
悲伤与痛苦 / 15
糟糕的一年 / 18
沉甸甸的誓言 / 20
父亲之死 / 21
孤身一人 / 22
要么征服，要么死亡 / 24
环法之旅 / 24
诺查丹玛斯的预言 / 28
边框文字：改革 / 16
凯瑟琳·德·美第奇 / 18
环法之旅（1564—1566）/ 26

战争的历练 | 30
十三岁的王子 / 32

亨利四世 / Henri IV

首战告捷 / 33
雅尔纳克 / 34
新教领袖亨利 / 36
决定命运之夏 / 38
让娜女王去世 / 39
婚礼 / 40
谣言使城市陷入恐慌 / 42
暗杀科利尼 / 43
圣巴托罗缪大屠杀之夜 / 45
难以抹去的污点 / 46
囚徒君主 / 48
亨利的决定 / 50

反叛君王 | 52

与故人重逢 / 54
重获人心 / 56
"长鼻子" / 57
玛戈与亨利 / 59
科丽桑德之爱 / 60
王朝终结 / 62
三亨利之争 / 66
库特拉战役 / 68
天主教阵营最后的希望 / 71
边框图画：谱系图：瓦卢瓦王朝的终结与波旁王朝的崛起 / 64
神圣联盟 / 67

目 录

王位继承人 | 72

亨利三世与亨利·德·吉斯：最后的动作 / 74
硝烟弥漫的欧洲 / 75
谋杀吉斯公爵 / 78
凯瑟琳的遗言 / 79
两个国王的和解 / 80
饱受威胁的国王 / 81
面前的兄弟 / 83
征服王国的国王 / 84
诺曼底 / 85
阿尔克战役 / 86
边框文字：16世纪末的欧洲 / 76

包围巴黎 | 88

伊夫里和白色翎羽 / 90
永远的朋友 / 92
包围巴黎 / 93
嘉布莉埃尔 / 94
国王坠入爱河 / 96
棋行险招 / 97
改宗易教 / 98
加冕典礼 / 99
进入巴黎 / 102
边框文字：改宗易教 / 98
加冕典礼 / 100

心灵的和平 | 104

停战求和 / 106
解放北部城市 / 106
双方会谈 / 108
1598年，和解法令 / 108
婚姻和感情 / 110
玛丽，托斯卡纳公主 / 113
法国王储路易降生 / 114
边框文字：南特赦令 / 109

王权兴衰 | 116

亨利和苏利 / 119
出色的治国之才 / 120
"清洁地毯" / 121
农业和畜牧业 / 122
丝绸、皮革和珍贵的木材 / 124
举国上下的劳动与致富 / 124
法国最大的路政官 / 125
美丽的首都 / 126
小"羊群" / 127
亨利埃特、雅克琳娜、夏洛特和其他情人 / 128
玛丽的加冕 / 130
不祥的预感 / 131
费罗内雷大街 / 132
边框文字：农民 / 123

大事纪年 / 134
索引 / 139

谨以此书献予：法国波城孔子学院

亨利四世 / Henri IV

波城古堡

未来的国王亨利四世出生在这座古堡,他将从比利牛斯山区出发去征服他的王国。

这一幕描绘了亨利四世指向一面大旗,对他的母亲述说,旗帜下是他聚集的准备好为信仰而战的年轻新教徒。该幅作品绘于19世纪,内容纯属虚构。(现藏于波城古堡)

母羊与狮子

1553年12月13日清晨，天还未亮，位于比利牛斯山的波城古堡已喧嚣不已。一位年近五十的男子怀里紧紧搂着一个白色包袱，身边围着庆贺的部下。火把的光亮照在古堡庭院四周鹅卵石砌成的墙壁上，投射出巨大的影子。仆人们纷纷围在古堡中央深达数十米的水井周围。壁炉里的熊熊大火燃烧了整整一夜，窗户映射出闪动的火光。

远处，连绵起伏的群山上长满了郁郁葱葱的树木，比利牛斯山脉的轮廓越来越清晰。古堡里随处可以听见说话声、谈笑声和断断续续的歌声。唯一的哭声和几乎听不见的叫声是从白色包袱里传出来的。人们正在庆贺新生命的降临，他像木乃伊那般被紧紧裹在襁褓之中。在那个年代，这种襁褓可以避免婴儿乱动。他来到这个世上几乎还不到一个小时。

龟壳摇篮

新生儿被放在一个奇特的摇篮里。波城古堡至今仍将这件奇特的物品保存在古堡美丽的亨利四世博物馆中。

亨利四世 / Henri IV

外祖父的骄傲

纳瓦尔国王亨利·德·阿布莱特高举着他的外孙。这个被老亨利称为家族"狮子"的孩子将受万民尊敬。（欧仁·德威利亚作品，绘于19世纪，现藏于卢浮宫博物馆）

前程远大的婴儿

这个脸上布满皱纹的年长男子是比利牛斯山地区一个小国的国王，名叫亨利·德·阿布莱特。他既是纳瓦尔国王又是贝阿恩地区领主。新生儿是他的外孙，如同外祖父，新生儿也叫亨利。婴儿的母亲是国王的独生女——胡安娜三世，父亲安托万·德·波旁此刻在外征战。

被喧嚣声吵醒的人们越来越多地聚集在国王身边鼓掌欢呼，突然，亨利·德·阿布莱特大笑一声将孩子举向晨光熹微的空中，紧接着他用西班牙语大声喊道："你们看，我的母羊生了一头狮子！"

国王亨利·德·阿布莱特的这声叫喊其实是有渊源的。西班牙掠夺了自己国家最重要的部分——比利牛斯山的另一侧，为此，他从未停止过制定征讨西班牙的作战计划，孩子的诞生将是他对所憎恨的西班牙人的报复。二十多年前，当老亨利和妻子玛格丽特终于有了自己的女儿时，西班牙人玩弄文字游戏，令整个比利牛斯山地区人尽皆知。亨利的徽章和贝阿恩的徽章上印着两头以黄色为背景的红色母牛。于是，西班牙人四处宣扬："奇迹！真是奇迹！一头母牛生了一只母羊！"此事逗得人们哈哈大笑。母羊代指老亨利温柔的女儿，她算不上真正的继承人，不能征战，也不能继承王国。

然而今天，这个期待已久的男孩降临世间。国王老亨利知道自己怀中抱着的是一头真正的狮子，将肩负起他所有的希望和梦想。

家族徽章

这里我们可以看到老亨利家族徽章的结合体：纳瓦尔和阿布莱特家族的徽章（饰有金链、红色和金色的丝带、母牛和狮子）以及法国王室的徽章（天蓝色，饰有金百合花）。

曾经的纳瓦尔

贝阿恩和纳瓦尔是亨利四世家族的领地,并不属于法国。在比利牛斯山区,数百年来,贝阿恩人建立了一个独立强国,这里的人民受到尊重和保护,当时欧洲其他地区却并非如此。14 世纪中叶,掌管贝阿恩的领主是中世纪欧洲最伟大的王子之一——加斯东·费布斯,他不甘臣服于法兰西国王和大不列颠国王的管辖,创立了独立的贝阿恩。

随着时间的推移,贝阿恩逐渐巩固了自己的独立地位。这里土地肥沃,人口众多,声名远扬。然而贝阿恩的领主有着更高的追求,拥有一个真正的王冠。在不远的比利牛斯山另一侧,即今天的西班牙,还存在好几个独立王国,其中之一便是纳瓦尔王国,它以大城市潘普洛纳为中心向四周扩展。有一天,一位年轻的贝阿恩领主娶了纳瓦尔王国的公主,他们的儿子不但成为纳瓦尔国王还是贝阿恩领主。1481 年,即亨利诞生七十二年前,这个家族终于如愿以偿获得了国王称号,跻身于欧洲主权王国之列。然而,好景不长,他们未能让这个国家长久延续下去。就在年轻的贝阿恩王子加冕后的第十五年,西班牙便夺去了大部分领土,只有比利牛斯山法国这一侧的一小块领土得以保存下来。

尽管失去了纳瓦尔,亨利家族依然保留着王室头衔,统治贝阿恩地区及其所有附属领地。几十年里,纳瓦尔国王、贝阿恩领主们都梦想有朝一日能够从西班牙人手中收复纳瓦尔。为了这一目的,他们绞尽脑汁,尝试了诸多深谋远虑的策略,多次出兵征讨,但都未能如愿以偿。

母羊与狮子

亨利四世的外祖父亨利·德·阿布莱特从未停止过讨伐西班牙。这位文艺复兴时期英俊勇敢的王子曾和法国国王弗朗索瓦一世一起征战意大利。帕维亚战役的惨败使二人双双被俘，亨利·德·阿布莱特最终成功逃脱。后来，弗朗索瓦一世将自己的妹妹玛格丽特，16世纪欧洲最杰出的女性之一，许配给亨利·德·阿布莱特。玛格丽特是一位作家，认识很多欧洲文艺复兴时期的思想家和作家。

贝阿恩领主加斯东·费布斯
这幅15世纪的画作向人们展示了这位伟大的封建领主正庄严地向诸侯们下达命令。

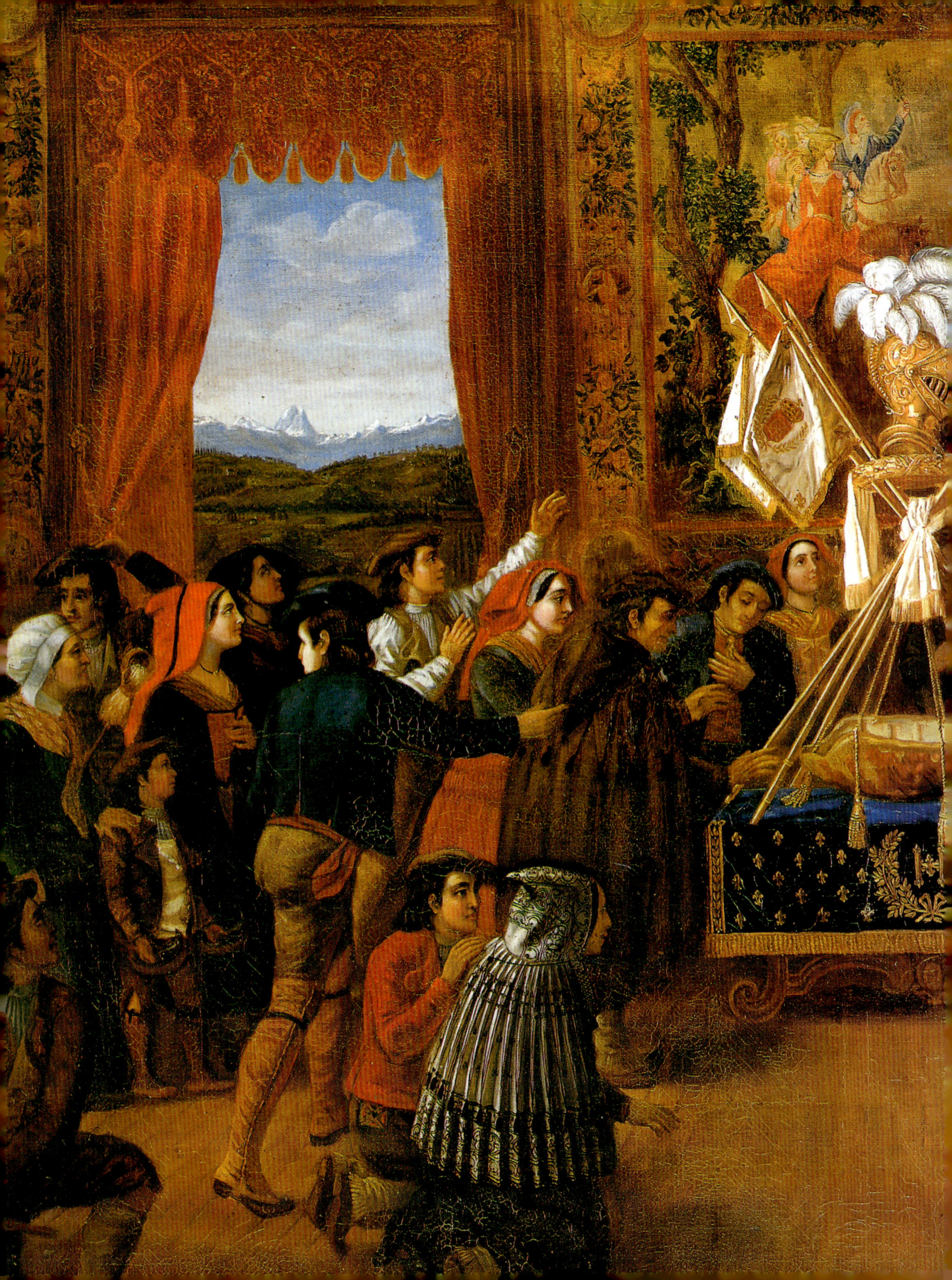

幸福的童年，
动荡的童年

亨利四世 / Henri IV

（前两页配图）
亨利四世的诞生
该幅朴素自然的绘画作品出自年仅二十二岁的画家之手，描绘了奥索河谷的农民赶来向睡在龟壳摇篮里的新生儿致敬的场景。（现藏于波城古堡）

波城古堡
可以想象一下古堡窗外的景象——波城湍急的水流和远处比利牛斯山的山巅。正如这幅创作于1820年，现珍藏于波城古堡的油画所描绘的一样，亨利四世正是出生于这般优美的环境。

1553年12月13日，当亨利四世在波城古堡出生时，安托万和让娜结婚已有五个年头。

让娜像她的父母一样，是个十分聪颖又雄心勃勃的年轻女孩。她曾目睹父亲改革律法，父亲是伟大的新派领导者，也曾目睹母亲参加欧洲的知识辩论。她心系王朝发展，对生活充满憧憬，她渴望遇见一位值得钦佩和尊重的生活伴侣。

安托万·德·波旁拥有当时王国里最高贵的姓氏之一。在那个年代，跟一个与自己门不当户不对的人结婚是无法想象的。波旁家族和历任法国国王一样都是圣·路易的后代，因此他们算是国王的近亲，在王位继承顺序上也位列前茅。

安托万·德·波旁性格复杂，甚至可以说有些古怪。他是一名伟大且勇敢的战士，十七岁时就表现出军队指挥官的领导才能。二十至三十岁期间，他曾带领军队在大大小小的战争中多次取得胜利。安托万是个美男子，十分注重自己的外表。正是他在王宫掀起了衣着精美服装、佩戴珠宝首饰的风尚，之后人们争先效仿。他也是位花花公子，身边的女伴一个接一个地换，结婚之后仍是如此。让娜发现这件事后无比伤心。安托瓦·德·波旁胆识过人、指挥能力强、性情温和，他的优缺点将深深影响亨利四世的童年。

亨利·德·阿布莱特的礼物

1552年夏，安托万和让娜失去了他们的第一个孩子，那是个男孩，名字也叫亨利。据说孩子的奶妈——一个非常怕冷的老太太——不停地给他盖东西，导致孩子太热，生病不治身亡。16世纪的医学尚不发达，也有可能孩子得了其他疾病而夭折。对此，统治贝阿恩的亨利·德·阿布莱特大发雷霆，因为死去的是他王位

亨利·德·纳瓦尔家谱

玛格丽特·德·昂古莱姆（弗朗索瓦一世的妹妹）纳瓦尔国王亨利·德·阿布莱特的妻子

罗贝尔
克莱蒙伯爵、波旁封建领主
（圣·路易的小儿子）

让娜
纳瓦尔女王

7代联姻

安托万·德·波旁
旺多姆公爵

亨利·德·波旁
（一说亨利·德·纳瓦尔）
未来的亨利四世

亨利的父母

让娜·德·阿布莱特和安托万·德·波旁是一对性格刚强的夫妻。让娜是弗朗索瓦一世的外甥女，安托万出生于卡佩家族的一个小分支，两人的祖先都是圣·路易。夫妻关系不和给亨利的童年留下深刻的烙印。

幸福的童年，动荡的童年

11

亨利四世 / Henri IV

兑现承诺
让娜顺从了父亲的要求。她一回到波城，亨利·德·阿布莱特就把装着自己遗嘱的盒子拿给她看。

的继承人！他的王朝受到了威胁！他认为是孩子的父母选错了奶妈，于是便残忍地要求跟随丈夫四处征战的女儿回到贝阿恩待产。他威胁说，如果她拒绝，他就再婚生个王子。当时的亨利·德·阿布莱特年龄不到50岁，妻子早已过世，是孤家寡人一个。从某种意义上讲，这就等于剥夺女儿和未出生孩子的继承权……

让娜只得顺从了父亲的要求。1553年12月初，她在孕期快要结束时回到了波城。她将在这座几年前翻新的大古堡里度过临盆前的最后几天。

临盆之夜充满了传奇色彩。火光在墙壁上投射出巨大的影子，让娜躺在旁边一边生产，一边唱着贝阿恩女人在承受分娩阵痛时吟唱的传统歌曲：

幸福的童年，动荡的童年

石桥尽头的圣母啊（石桥是波城古堡附近一个小教堂的名称），
愿您此刻帮助我。
愿您请求上帝让我尽快脱离苦海，
愿他助我孩儿从腹中出来，
愿他赐予我一男孩！
万物，直至山巅，都在乞怜！

亨利·德·阿布莱特在楼上，很担心女儿和即将出世的王子。孩子一出生，老亨利立即奔下楼，在女儿脖子上系了一条金项链，把装着自己遗嘱的盒子递给她，对她说道："我的女儿，盒子属于你，但他属于我！"说着他把孩子裹在自己宽大的长袍里，然后带到他的房间，用一瓣大蒜擦孩子的嘴唇。在当时的贝阿恩，大蒜被认为是治愈各种疾病的灵丹妙药。国王老亨利还用一滴朱朗松葡萄酒润了润孩子的双唇，这种酒产自贝阿恩，是美味的葡萄酒，也有防御疾病之功效。

小王子的第一步

亨利·德·纳瓦尔经历了两种童年：最初的幸福童年，以及后来因父母无休止争吵而破碎的童年。亨利永远不会忘记那段幸福的童年经历。外公纳瓦尔国王的心愿都得以实现。婴儿被寄养在距离古堡不远的百姓家。他们甚至尝试了好几户人家，确切地说九户，才找到身体健康足以喂养小王子的乳娘。

亨利一岁时被托付给居住在科阿拉兹城堡里的一个贝阿恩贵族家庭抚养。科阿拉兹城堡居高临下，可以俯瞰清澈的河水。从比利牛斯山上流下来湍急的河水，人们称为激流，波城的激流。米奥桑家族不是皇亲国戚，家族生活简朴、亲民，亨利和他们过着同样的生活。所有关于亨利四世生活的历史都讲述了他童年时

三岁的亨利

亨利外公去世时，他才一岁半。从三岁那年起，他就开始学习作为王子的言行举止。（17世纪法兰西学派绘画作品，现藏于波城古堡）

13

亨利四世 / Henri IV

国王亨利二世
1574年，弗朗索瓦一世逝世，亨利二世加冕为法国国王。亨利二世拥有一个豪华的王宫，安托万·德·波旁在法国王宫十分自豪地介绍了他年仅三岁的儿子亨利。（弗朗索瓦·克鲁埃绘画作品，现藏于卢浮宫博物馆）

曾和比利牛斯山区地位低微的农民一起玩耍，不惧怕打架，也不怕在波城激流汹涌的河水中潜水。事实上，尽管他有可能曾和地位低微的农民一起生活，但相处时间并不长，因为亨利离开科阿拉兹时还不满四五岁。在当时，这个年龄还未被允许到附近的山里格斗或者长时间玩耍。不过，对于亨利来说，这几年的生活确实过得幸福安宁。

亨利一岁半时，他的外祖父就去世了，母亲让娜（即胡安娜三世）从此成为纳瓦尔女王。亨利是王储，他被安排坐在母亲让娜身边只有贝阿恩各州联合主席能坐的椅子上，接受商谈国事的官员们朝拜。他被任命为一支由五十名士兵组成的连队队长（那时他年仅三岁）。人们让他签署了第一批正式法令。他迈出了王子的第一步。

向法国国王引见亨利

亨利三岁这一年，父母把他带到了王宫。此次前往巴黎是一次真正的征程，马车载着妇孺缓缓向前行驶，骑士在四周护驾。

正式把小王子引见给法国国王这一天来临了。国王是亨利的表亲，甚至是双重表亲，因为他的母亲和父亲都是国王的近亲。国王亨利二世被这个来自比利牛斯山的小孩逗乐了，他把胳膊伸向亨利，笑着对他说："你想成为我的儿子吗？"亨利对于这种事不开半点玩笑，这个三岁半的小男孩严肃的表情，指着他的父亲，用贝阿恩方言对国王说："这才是我的父亲！"忍俊不禁的国王接着随口说道："那你要做我的女婿喽！"亨利依然用贝阿恩方言回答道："非常乐意。"王宫里的人捧腹大笑。实际上，亨利二世有一个和亨利同龄的女儿，两人只相差几个月。

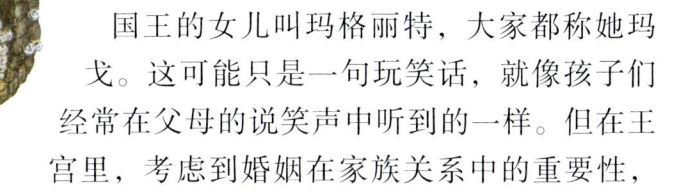

国王的女儿叫玛格丽特，大家都称她玛戈。这可能只是一句玩笑话，就像孩子们经常在父母的说笑声中听到的一样。但在王宫里，考虑到婚姻在家族关系中的重要性，这个承诺将会被认真对待。当晚，安托万·德·波旁就写信告诉一位朋友说，法国国王决定了两个孩子的婚约。随着时间的流逝，王宫和王国里的很多事情将会发生变化，但这个像是玩笑随口说出的诺言却将兑现，法国的历史也将因此发生改变。

亨利的未婚妻

这幅精美的匿名绘画（现藏于尚蒂伊孔代美术博物馆）向我们展现了十岁左右的玛格丽特·德·瓦卢瓦。在她三岁那年，国王谈到了她和纳瓦尔王储亨利的婚约。

悲伤与痛苦

亨利家中欢乐融洽的氛围并未持续太久，幸福的时光结束了。就像在那个时代经常发生的一样，小王子的父母之间产生了不和。然而，亨利的父母并非一般的父母，他们都在各自国家的政治生活中扮演着重要角色。除了这对曾经相爱而如今决裂的夫妇之间激烈的争吵之外，他们还将引发巨大的政治冲突和宗教冲突，直至最后导致战争爆发。

当时的法国正处于四分五裂的窘境。在这个天主教王国里出现了一个新的宗教——新教。16世纪，在所有国家尤其是法国，宗教主导着一切。国王作为国家权力的至尊，其加冕由"上帝的旨意"决定。所有的权力均来自国王。质疑宗教就是企图造反。

面对新的宗教，让娜和安托万犹豫了许久。后来，安托万首先皈依了新教。他认为以王子身份皈依新教会为他带来美好的未来和巨额的财富。他对欧洲新教徒赋予他的地位十分自豪。而当时的让娜仍犹豫不决，她觉得新教的教义对年轻女性过于严苛：禁止女性教徒打扮、跳舞和娱乐。让娜很喜欢娱乐消遣，对与丈夫安托万的婚姻生活也很满意。

亨利四世 / Henri IV

改 革

中世纪末，由于权力被滥用，天主教分崩离析。人们纷纷指责为了满足宗教领袖们追求财富和安逸的生活，宗教中的大部分信仰已荡然无存。因此，当更加严厉、更加朴素的新教出现时，自然而然就受到了人们的追捧。

尤为重要的是，中世纪末，印刷术的发展深刻改变了信徒和宗教的关系。在此之前，只有教士和富人才能够接触到《圣经》（旧约）、《圣经》、《福音书》，他们是唯一识字且有能力购买由学识渊博的修道士耗费数百小时手工誊抄出上述经典书籍的人。然而，随着古藤伯格发明的问世，这些之前几乎被当成机密的书籍迅速普及开来。人人都能了解书籍的内容，思考其中的意义。这一技术革命引发了一场真正的思想革命。在此之前，谁也不能讨论教廷的权威，自此以后，人们可以自由地谈论教会宣扬的基本信条和真理了。

马丁·路德（1483-1546）
宗教改革创始人

亨利诞生前三十年左右，这位德意志传教士宣扬只有信仰才能带领信徒进入天堂，信徒应当服从《圣经》和《福音书》的旨意。马丁·路德拒绝承认教皇的权威，为了让人人都能看懂，他把《圣经》翻译成德语。（卢卡斯·克拉纳赫绘画作品，现藏于佛罗伦萨乌菲兹美术馆）

约翰·加尔文（1509-1564）

这位法国神学家制定了新教的教规。新教得以问世。1550年左右，据说三分之一的法国贵族都信奉加尔文主义，他们的庇护者不是别人，正是亨利四世的外祖母玛格丽特·德·纳瓦尔。（16世纪匿名作品，现藏于日内瓦国立大学图书馆）

幸福的童年，动荡的童年

然而好景不长，她发现丈夫安托万多次对她不忠，并且他为了回归天主教竟然放弃了新教。实际上，西班牙说服安托万只要与他们结盟，他就能轻易收回对纳瓦尔的管辖权。

从那时开始，让娜便开始捍卫新教，她参加礼拜，聚集并鼓励新教教徒。当让娜得知安托万和另一名女子在外已经育有一子时，她的态度就更加坚决了。接二连三的打击让她不堪重负：先是失去了长子，后来又失去两个孩子——一个刚出生十五天的女儿和一个在一场愚蠢至极的意外中丧生的仅有两岁的儿子。小男孩的奶妈当时和朋友把他当成气球一样抛在空中，不料孩子从二楼坠下身亡。孩子们相继离她而去，如今又发现丈夫背叛自己，打击之沉重，可想而知。另一方面，安托万很快因回归天主教而得到回报。法国王室屡屡受到命运的打击。1559年的一天，亨利二世在一场比赛中受伤身亡：对手的长矛在两个骑士相撞时被折断，其中一段插进亨利二世的眼睛，直逼大脑。次年，亨利二世的长子弗朗索瓦二世登基。然而执政仅一年，便逝世了，年仅十六岁。尽管他在十四岁时就和苏格兰女王玛丽·斯图亚特结了婚，但并无子嗣。这时，只有让弗朗索瓦二世的弟弟——仅有十岁的查理九世登基为王。查理九世的母亲名叫凯瑟琳·德·美第奇，天资聪慧且野心勃勃。她清楚查理九世的年龄给她带来了掌握实权的机会。王宫要为查理任命摄政王，考虑到自己在王宫的地位，安托万希望能担任这一职位，因为他是国王身边唯一的成年男性。然而，他并没有如愿以偿，担任这一职务的是查理的母亲凯瑟琳。凯瑟琳通过自己的聪明才智巧妙地建议安托万以摄政官的身份辅助她管理王宫。

亨利·德·纳瓦尔的教育
亨利的母亲让娜认为亨利必须接受完整的教育。因此她亲自为儿子挑选老师并关注孩子的进步。（18世纪绘画作品，现藏于波城古堡）

亨利四世 / Henri IV

糟糕的一年

大家可曾想过亨利·德·纳瓦尔的处境？父亲作为法国第三大重要人物，是天主教徒的首领。与丈夫不和的母亲是纳瓦尔女王、法国国王的近亲以及新教徒领袖。这两大阵营、两大宗教之间的冲突愈演愈烈。首先引发的是不满，例如有一天，以亨利为首的一群小王子嘲笑一群骑着骡子散步并装扮成高级神职人员的主教和红衣主教，人们对此感到愤慨。又过了几天，王宫里禁止信奉新教。最后，最糟糕的事情发生了：1562年3月1日，香槟地区瓦西镇一群新教徒惨遭屠杀，死难者有一百多人。瓦西大屠杀因此成为持续三十多年并导致一系列暴行的宗教战争的导火索。

让娜和安托万之间的争吵也愈演愈烈。安托万禁止让娜参加圣体瞻礼（新教的礼拜）。让娜拒不服从，于是安托万决定将其赶出王宫。在离开王宫之前，让娜只有抱抱亨利的时间，她让亨利发誓忠于新教，永不参加天主教弥撒。让娜离开了王宫和儿子，身边陪伴她的只有小女儿。

凯瑟琳·德·美第奇

凯瑟琳·德·美第奇1519年出生于意大利佛罗伦萨一个大家族，1553年嫁给弗朗索瓦一世的儿子亨利二世，当时两人都是十四岁。后来，亨利登基为王，他的情妇——比亨利年长20岁的黛安娜·德·波伊蒂丝完全把凯瑟琳孤立起来。直至1560年，她在担任查理九世摄政王的政治冲突中才夺回自己的权位。

天主教徒屠杀新教徒
宗教战争造成诸多围攻和抢掠。1569年9月，古尔奈城被天主教徒攻占。古尔奈是诺曼底地区的封地，这里大多数信徒都是新教徒。（16世纪雕刻作品，现藏于巴黎马萨林图书馆）

幸福的童年，动荡的童年

　　让娜来到旺多姆避难，这里是波旁家族的封地，距离都城只有两天的路程。她将从这里组织新教的抵抗。让娜想组建一支军队为瓦西大屠杀中死难的新教徒们报仇。军队的首领由安托万的哥哥孔代担任。兄弟二人一个执掌天主教军队，另一个统率新教军队！他们夫妻二人，丈夫担任天主教派领袖，妻子掌管新教。一个被残忍撕裂的孩子一下成了这些纠纷的焦点！恐惧铺天盖地袭来，没有一天能够幸免。让娜对天主教痛恨不已，她的信徒攻占了旺多姆教堂，那里埋葬着波旁家族所有故人，其中就有她的儿子，也就是亨利的哥哥。信徒们强行撬开并大肆破坏坟墓，还盗走珍贵的器皿和装饰品。让娜用这些盗来之物资助新教军队。

　　王宫里丑闻铺天盖地。安托万命令军队将妻子捉来并囚禁在国家监狱的堡垒之中。让娜成功逃脱，躲到比利牛斯山的贝阿恩王国里避难，在那里她手握实权，重新为王。

　　亨利感到十分绝望。他是一个敏感的孩子。在法国王宫里，所有人包括他的父亲都憎恨他的母亲纳瓦尔女王。他是唯一一个爱母亲的人。那时他只有八岁。

新教徒屠杀天主教徒
两年前，尼姆城曾是新教徒屠杀天主教徒的战场。（18世纪彩色雕刻，现藏于法国国家图书馆）

亨利四世 / Henri IV

沉甸甸的誓言

迷人的孩子
后世常常试图在这个孩子身上找到成就亨利四世的原因：与生俱来的威望、过人的智慧、高贵的血统……博西奥于18世纪创作的这座雕像完美呈现了亨利四世的所有优点。（现藏于波城古堡）

让娜走了，只留下亨利一人，他心里藏着对母亲誓言的秘密。他两眼含泪向逃亡的母亲发誓不会背叛她最珍视的东西——她的宗教。在当时那个年代，小王子信奉的宗教具有非同凡响的意义。对于整个王宫、父亲安托万和欧洲其他王室而言，亨利理所应当要加入法国王朝以及父亲安托万·德·波旁的宗教，像其他的王室孩子一样去参加天主教弥撒。因为亨利向母亲作出了承诺，这个善良、爱笑、好动、时时刻刻准备着开玩笑和恶作剧，而且比许多成年人都要勇敢的小男孩表现出来的抵抗情绪令人难以置信，他拒绝向别人屈服。才八岁的他倔强地拒绝那些奉命前来劝说他的人，软硬不吃。连续几周，每天都有人逼迫他去参加弥撒。王宫里为他挑选的私人教师是天主教徒，侍奉左右的人，还有他的玩伴们也都信奉天主教。亨利既不听从他们的命令，也不满足他们的要求。王宫里的人打他，用鞭子抽他，他都不低头。亨利的反抗不仅是家族的事情，还是重大的政治问题。欧洲邻国都很关注纳瓦尔小王子的反抗。西班牙大使在给西班牙国王的信中写道："这个小年轻人还太孩子气……他活泼、聪明、英俊，始终坚守着母亲的主张。"当时的西班牙是法国强大的天主教敌国，两国之间的冲突几乎从未停歇。

又过了三个月，法国王宫才终于让这个八岁的小王子屈服。当亨利被强行拖去参加弥撒时，父亲安托万要求他发出与第一个誓言完全相反的誓言——忠于天主教信仰。

正是这样一个强制性的考验——两个互相矛盾的誓言——被迫改变宗教信仰，甚至不敢向母亲坦白，让纳瓦尔王子经历了激烈的思想斗争，最终身染重疾。父亲安托万十分担忧，他意识到必须要让这个孤立无援的孩子休整一段时间。他把亨利托付给费拉尔公爵夫人抚养。费拉尔公爵夫人同天主教以及新教之间均保持着良好的关系。亨利这下既可以和不会辱骂母亲的人谈论母亲，又可以给母亲写信了。他在一封给纳瓦尔女王流亡时的一位随从的信中写道："请您给我写信，让我不再为我的女王母亲担忧，因为我非常害怕她此行会发生什么不幸……我最大的快乐就是能经常收到他人寄来的消息。"

父亲之死

在家人爱的庇护下，亨利不那么焦虑了，很快便恢复了健康。但对于这位纳瓦尔王子来说，1562年注定是他一生中糟糕的一年。夏天即将结束，亨利的父亲安托万又要奔赴战场，临行前父亲来看望他。事实上，新教徒在英国军队的支持下，数月之前就已攻下鲁昂，战事告急，需要安托万率领皇家军队夺回诺曼底首府鲁昂。亨利还只是一个孩子，他也想要和家人在一起，于是他恳求父亲带他上阵，安托万就像天下所有父亲那般，听了儿子的请求后只是哈哈大笑。

战争从9月拉开帷幕。10月16日那天，安托万去解手，越过了围攻警戒线，不幸被敌人的火枪射中了肩膀，那时火枪发射的可是货真价实的实心铅弹球。当时军队的外科医生看后认为伤势并无大碍，但是著名的外科医生安布鲁瓦兹·巴累看了一眼就意识到了伤势的严重性，因为铅球已经穿透了关节，无法取出。果不其然，几天后，伤口便开始感染，安托万因此高烧变得神志不清，胡言乱语，奄奄一息。此时将士们刚刚夺回鲁昂。几个小时过后，他便死在了从塞纳河返回巴黎的船上。弥留之际，安托万抓着一位意大利仆人的胡子，嘱咐道："好好照顾我的儿子，好好服侍国王！"

八岁的亨利

一个还是孩子的王子，但是一个与其他孩子不完全相同的孩子。（意大利雕刻作品，创作于1610年）

亨利四世 / Henri IV

即将九岁的亨利，在1562年的数月中，经历了一个孩子可能遭遇到的最悲惨的生活。他目睹了父母的决裂，战争的残酷。父亲死后，他生活的世界里，人人都痛恨他挚爱的母亲，他感觉自己被流放了一般，生了一场大病。尽管王室中的无赖们嘲笑父亲的离世，他们冷笑着说，最好在墓碑上写上"法国的朋友啊，沉睡于此的亲王，生前碌碌无为，最终却因撒尿而死"，但父亲依然是亨利最敬爱的人。令亨利心碎的正是他们冠冕堂皇地以爱和宗教信仰之名行事。亨利成年后，对此依旧难以忘怀。

火枪

自1550年，簧轮火枪是战场上使用最多的武器。尽管很重且不方便（火枪长1.30米，重6千克），但它具有极强的杀伤力，能够发射出超大口径的铅弹球。（弗拉芒壁画一角，创作于16世纪）

孤身一人

父亲去世了，母亲远在他乡，多年来亨利一直独自生活。凯瑟琳·德·美第奇通过对微不足道小事的让步来拖延时间，想方设法阻挠亨利与母亲纳瓦尔女王重聚。例如，她允许新教徒负责照顾亨利。亨利有了指导自己学习的家庭教师。两年来，他和贵族孩子一样到以他的家族命名的纳瓦尔学院上学。16世纪的学院不同于今天我们所说的学院，因为在那个时期，一个学院囊括了所有阶段的学习。

今天我们所说的学校，涵盖了从小学、初中、高中、大学四个阶段。纳瓦尔学院是当时最负盛名的学院之一，学院有宫廷大族和巴黎资产阶级上百名孩子，其他的王子们也接受同样的教育。在这些儿时的伙伴中有两位在亨利一生中都扮演着非常重要的角色：亨利·德·安茹，即未来的亨利三世；亨利·德·吉斯，吉斯和亨利经常因为打架争吵受到惩罚，这让他们二人结下了梁子。有一位使者曾经详细讲述道："有一次，亨利和小吉斯发生了严重的口角和肢体冲突，两人因此受到了相应的惩罚。大家都认为这两个人以后很难再相处了。"

除了在纳瓦尔学院的学习以外,亨利的家庭教育也非常严格。亨利的家庭教师极其严厉,是一个铁腕教育的拥护者。他要求亨利晚上睡觉直接穿着外衣睡在草垫上。亨利学习了各种体能训练课程:有马术课,他学得炉火纯青,能够在马背上昼夜不知疲倦地骑行;有兵器课,他不停地进行武器训练,始终是战场上的前锋。亨利很早就追随皇室狩猎。当时流行打网球,他也是网球训练中

课堂上的亨利

从七岁到十三岁,亨利换了四个不同的家庭教师。他们教授了亨利希腊文和拉丁文,当然还有其他学科,如军事战略、绘画、外语和一些简单的科学。(弗拉戈纳尔绘画作品,现藏于波城古堡)

最刻苦的人之一。那个年代的网球是一种介于现代网球和巴斯克回力球二者间的消遣。

要么征服，要么死亡

纳瓦尔王子活泼开朗，喜欢争论，但他从未忘记他一直是孤身一人，他不相信任何人，也不愿意向其他人吐露心事。凯瑟琳看不透他，有时会因为揣摩不出男孩笑声背后隐藏的个性而担忧。在王室中，最受欢迎的娱乐游戏当属博彩了。每个人在纸上写一句话，然后随机抽取一张纸，被抽到的这个人就是运气王。亨利在游戏中被抽到过很多次，他在纸上用拉丁文写着"要么征服，要么死亡"。凯瑟琳对此感到不安，她召见亨利，威逼利诱想方设法问他写这句话的原因，但是亨利只是看着她不说话。女王拿他没办法，怒气只能撒在教授给他这句格言的教师身上。她的担心和愤怒是有原因的：她担心亨利的这句话在孩子们嬉笑玩闹的背后，隐藏着亨利顽强坚定的野心。

环法之旅

但目前，凯瑟琳无暇顾及亨利，她还有其他的顾虑。她很清楚，被王室中人称作"毛孩子"的查理九世，不被臣民看好。查理比亨利大三岁，体弱多病，还患有结核病，常年卧床不起，疲惫不堪。

此外，他还经常大发脾气，口出恶言。这个孩子王，精神恍惚，脆弱不堪，无法担任复兴法国瓦卢瓦王室家族的重任。然而，到了青少年时期，这位国王似乎得到了上帝的恩泽。性格逐渐沉稳下来，身体也有所好转。他擅长跳舞，还能令人愉悦地朗读提前准备好的演讲稿。

幸福的童年，动荡的童年

　　凯瑟琳意识到，这是树立君主制权威的好时机，作为摄政王同时也是国王母亲的她，深感责任重大。于是，她想携带幼王游历法国，这将是一次漫长之旅，既可以让年轻的国王感受法国的疆土辽阔，同时也能让法国民众看到，年轻的国王并非他们所说的那样。

查理九世

查理十岁登基成为法国国王，约十四岁时，他的母亲即法国的摄政王凯瑟琳策划携幼王进行环法之旅。（弗朗索瓦·克鲁埃绘画作品，现藏于卢浮宫博物馆）

亨利四世 / Henri IV

环法之旅（1564—1566）

多么盛大的队伍啊！除了国王、国王的母亲和王子们外，还有随行的上千名其他王室成员。每位王室成员都有随从为其服务，伺候日常起居，照顾孩子并负责孩子的教育。每名随行人员也都有自己的仆人。想象一下路途中的场景，人们需要给王室成员供给食物，安排住宿，喂马休息，保养装满大大小小沉甸甸箱子的马车，当时人们把这种双轮马车称作大型旅行马车。据说队伍总共有1.5万匹马和骡子。国王的特使会提前几个月通知地方当局。国王到达之后会征用镇上所有的草料、食物和房屋。这对当地城镇来说也是一笔巨大的负担。

道路崎岖，有些还是碎石路，对于一个长达2万米的队伍而言，人们无法预测前方会遇到什么。稍遇雨水天气，队伍就会陷入泥潭，车辙凹陷，道路十分颠簸。遇此情况，除了王后和病人之外，其他所有人都要骑马或者步行。队伍经常借水道绕过难行路段。有好几次队伍都是沿着夏龙和里昂之间的索恩河、达克斯和巴约纳之间的阿杜尔河而下。

需要指出的是，队伍绕过了贝阿恩和纳瓦尔，直接航行到了

幸福的童年，动荡的童年

巴约纳，在内拉克休息之后回到了巴黎。内拉克是让娜·德·阿布莱特的领地，属法国国王管辖。

整整两年的环法之行，对于各位王子们来说，真可谓一场奇妙的体验啊！

长达两年的旅行
旅行队伍绵延数公里，很难想象怎样才能组织如此浩浩荡荡的长途旅行。（16世纪壁画，现藏于佛罗伦萨乌菲齐博物馆）

这是有史以来第一次组织这样盛大的旅行。如今我们的总统和部长提倡的"省内游"和凯瑟琳这一旅行相比实在是小巫见大巫。向世人展示国王、王公贵族以及王室成员，在很大程度上也增进了君主与地方领主、普通老百姓之间的联系。亨利也在此行队伍之中。旅行期间，他终于与母亲重聚。母亲在里昂与王室队伍汇合，她的到来给她和凯瑟琳都带来了麻烦。与让娜同行的有新教徒牧师以及300名持有武器的将士，后者几乎要冲上去攻击天主教徒。他们还取笑刚刚创立的圣体瞻仰节，节日这一天有成千上万虔诚的天主教徒在大街举行圣体出游，圣体是信徒们弥撒中用来取代耶稣真身的面饼。当游行队伍经过时，让娜的随从大声辱骂他们。凯瑟琳命令所有参与辱骂的贝阿恩人脱帽列队赔礼道歉。让娜极为不满，但照做了。然而当她想要带回儿子时，凯瑟琳拒绝了她的请求，并且通过弥补她巨额经济赔偿，劝说这位纳瓦尔女王回到旺多姆的波旁领地。

诺查丹玛斯的预言

环法之旅期间，队伍也曾向法国南部行进。在萨隆－普罗旺斯地区，当时被称为萨隆—克罗地区，住着一位当今依然享有盛名的预言家诺查丹玛斯。

凯瑟琳想咨询他几个问题。凯瑟琳从小到大就着迷于占卜师和先知的预言，这些预言家中最出名的诺查丹玛斯吸引了她的注意力。人们无从得知这名预言家对凯瑟琳说了什么，但令人吃惊的是，诺查丹玛斯居然想见亨利。他吩咐下人只要亨利一醒就立刻带他来见。

亨利被带到房间，诺查丹玛斯长时间地注视着面前这个十一岁的孩子。亨利很害怕，因为通常情况下，当你被赤裸裸地带到一个陌生人面前时，往往是做了错事，在那个时期常会挨鞭子以示惩罚。但这位老人却转向负责照顾年轻王子的主事，说道："他将继承一切,如果上帝恩赐让您长寿,您将成为法国国王和纳瓦尔国王的总管。"说完便若有所思地离开了。

米歇尔·德·诺特达姆,即诺查丹玛斯

著名的预言家在破解纸牌游戏中的一幅插图。1564年环法之旅期间,在队伍经过克罗时,他被凯瑟琳宣召觐见。(现藏于巴黎民间传统艺术博物馆)

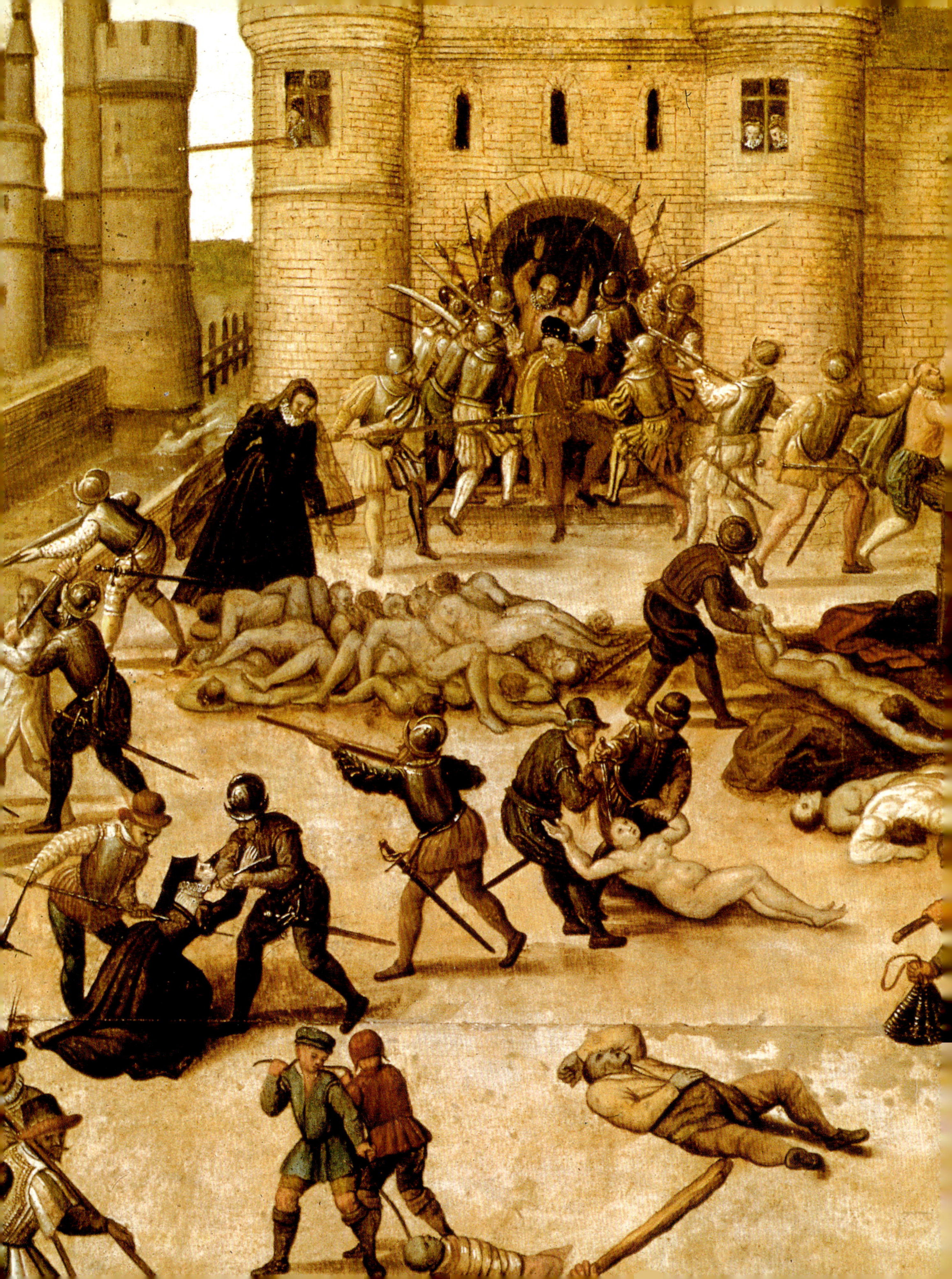

战争的历练

亨利四世 / Henri IV

（前两页配图）
圣巴托罗缪之夜
胡格诺派画家的这幅作品，再现了1572年8月24日至25日新教徒惨遭大屠杀的恐怖场面。画家想象凯瑟琳·德·美第奇正俯身观望地上的残尸。（弗朗索瓦·杜布瓦16世纪画作，现藏于洛桑州立美术馆）

纳瓦尔女王让娜
这幅画作向我们呈现了一位严肃刻板的女性；简单质朴的服饰揭示了她十分朴实的生活。（16世纪画作，现藏于凡尔赛宫）

让娜心中所愿，唯有救出儿子。她在旅行行程即将结束时，与王室队伍汇合，利用重逢佳机，领着亨利了解波旁家族的某些领地。王室的环法之旅于巴黎一结束，她就携亨利和女儿凯瑟琳前往首都著名的罗伯特·埃斯蒂安印刷厂。随后，她继续带着亨利视察波旁家族领地，理由是亨利如今是波旁家族的当家人，她要领着儿子看看。

十三岁的王子

第二次旅途中，她得偿所愿。让娜和亨利一路策马飞驰全速赶回西南地区，没有在事先宣称的旅行目的地拉弗勒希安顿，他们回到位于比利牛斯山区的王国，与试图囚禁他们的王室断绝了联系。

凯瑟琳大发雷霆！但她狡诈的性情一如既往迅速占据上风。她玩弄计谋，试图让亨利回归朝廷，但无功而返，于是新的冒险之旅开始了。

1567年寒冬，纳瓦尔女王与十三岁的王子抵达波城，他们感受到国家的动荡不安。让娜的目的纯粹简单，下令禁止在贝阿恩信奉天主教，引发大部分民众强烈不满。让她更加忧心忡忡的是道德风气日下，故而下令禁止玩牌或掷骰赌博，禁止在酒馆饮酒，禁止乞讨，禁止乡村节日时跳舞。

战争的历练

各地民众揭竿而起反抗王命，尤其是下纳瓦尔这个小地区。该地居民与其说是贝阿恩人，不如说是巴斯克人，他们是古纳瓦尔王国的遗民，手持武器要捍卫天主教。

首战告捷

为恢复秩序，让娜决定派遣儿子亨利率军出征。十四岁的亨利将迎来他的第一次战役，他首次接触军队与营地，作为酷爱戎马生涯的男人，他在此将度过生命中大部分时光。

事实上，这次出征并不太难。反叛队伍一看到贝阿恩军队和炮兵出现，就望风而逃，为了不丢颜面还高声宣称出于对年轻王子的尊重才如此。于是，亨利想要利用这一良机。他召集了巴斯克农民对他们发表讲话，这多亏了随行人员中有一人懂巴斯克语。亨利的讲话令人印象十分深刻。他提醒农民们提防反叛者头目，并以母亲的名义向他们保证："作为纳瓦尔国王直系继承人"，他永不侵犯他们自由的习俗与特权，关于宗教事务，他绝不会强迫他们，与宗教相关时，他会在母亲纳瓦尔女王面前为他们说情。民众们为亨利欢呼。他不仅未置身险情就取得了首战的军事胜利，而且表明了一个重要的政治观点。他的臣民没有战败，而是与他达成和解，这才是更大的胜利。

但亨利需要从军事实战中学

十五岁的亨利
安托万·卡隆给亨利画这幅作品时，恰逢他母亲派他率领新教军队参战。亨利显得十分年轻，与母亲相似得令人震惊。这个年轻人很快就表现出一个名副其实将领的样子。（现藏于日内瓦大学图书馆）

亨利四世 / Henri IV

习领兵打仗。十五岁这一年将是他真正开始历练的一年。因为战争即将来临，法国王室支持的天主教和以纳瓦尔女王为主要代表的新教间矛盾再次激化，情况愈演愈烈，最终王室宣布在全法境内禁止信仰新教。所有人都明白这一决定的意义，也都清楚它不会真正成为现实，而是战争的宣言。

雅尔纳克

皇家军队统帅是国王的弟弟亨利·德·安茹，即未来的亨利三世。他当时十七岁，比亨利·德·纳瓦尔年长两岁。不久前，他们还一起游玩。如今他们互为敌军首领，即将要兵戎相见了。

内拉克

让娜和儿子亨利返回王国的西南地区，这座城堡就成了他们的庇护之所。阿布莱特领主们自14世纪就在此生活。

天主教军队驻扎在奥尔良，新教军队驻扎在新教的故乡拉罗谢尔，亨利在母亲的陪伴下受到当地民众喜悦四溢的迎接。拉罗谢尔市市长发表了激情澎湃的讲话，但略微有点冗长。亨利回应他时，仅用两句充满自豪感的话就彰显出他对答如流的才华与智慧："我才疏学浅，讲得无法如您一般精彩，不过我向您保证，虽然我讲得不太好，但我会做得更好，因为我做比说好太多。"亨利学习指挥行军打仗，他的师父是加斯帕·德·科利尼，当时最伟大的上将之一，时任新教军队副总指挥。总指挥是亨利的叔父、孔代亲王路易·德·波旁。让娜在给这位小叔子的信中写道："他效忠于您，就如您的亲生儿子一般。"

整个冬天，两方军队都在朝对方行军，寻找对战斗最有利的据点。终于在1569年3月，两军在昂古穆瓦省的雅尔纳克交战。新教派拥兵15000人，天主教派有26000人。两军在夏朗德河两岸对峙而立。3月13日夜里，亨利·德·安茹命人搭建一座木桥，夜袭新教军队，打得科利尼率领的军队措手不及。

战争的历练

孔代亲王路易·德·波旁飞速赶去支援，虽英勇无比，却极其大意，受伤的他冲入天主教军队，从马上坠落而被俘。按照战争优待俘虏的惯例，他人身安全会得到保障，直到日后交换一笔赎金。为表明自己投降了，他掀开头盔的面甲。此时，安茹公爵的一个卫兵队长赶到，未曾下马就朝其头部开了一枪。于是，孔代亲王路易·德·波旁阵亡了！这一举动严重违背了战争法则，两阵营间的仇恨更为激化，新教军队总指挥孔代亲王的尸首被一头母驴驮在背上，在雅尔纳克公开示众。

雅尔纳克战役
两军在雅尔纳克的交战十分惨烈。这幅图卢兹出品的挂毯中央，再现了新教军队总指挥路易·德·波旁遇害的场面。
（现藏于埃库昂城堡）

亨利四世 / Henri IV

新教领袖亨利

悲伤沮丧情绪充斥着整个新教阵营，军队甚至出现了一些逃兵。于是亨利和让娜两人介入战事。因叔父离世，亨利成为新教军队指挥官。亨利召集剩下的4000名骑兵，宣誓道："我对上帝与天神发誓，誓与将士们共存亡，永不言弃，直到在我们的王国，上帝受人敬仰，直到任人摆布的国王不受约束，直到信奉新教的所有信众能够祥和安宁地生活，完全自由地从事宗教活动。"

新教军队还是连连战败，然而，战士们逐渐见识到这位年轻王子的勇气和胆识。近一年间，战争肆虐。因为亨利和让娜远在他方，天主教军队趁机袭击并占领了贝阿恩。亨利派遣部队收复失地，仅用几周时间便大功告成。这支军队和科利尼指挥的军队会合后，从西南方向北上。整整一年，两军对阵之处，作战、杀掠、抢劫、强奸处处皆是。1570年春天，亨利身先士卒，率领骑兵袭击驻扎在卢瓦尔河畔的天主教军队，并成功打开一处缺口，当时天主教军队驻军此地意图阻止新教军队继续北上进军巴黎。凯瑟琳·德·美第奇提出议和，亨利接受了，因为两方军队均已筋疲力尽。这是长期作战后的首次议和。

1570年8月签署的《圣日耳曼敕令》满足新教徒两大心愿：新教徒可以在除王宫外的其他地方举行宗教仪式，尤其是王室允许新教在拉罗谢尔、蒙托邦、卢瓦尔河畔拉沙里泰和科涅克四座城市驻扎军队。

《圣日耳曼敕令》最终还包括一个秘密条款：十五年前由亨

十九岁的亨利
亨利眼神沉着坚定，此后他成为名副其实的军队领袖。（弗朗索瓦·克鲁埃作品，现藏于国家图书馆）

战争的历练

利二世几乎玩笑式许下的联姻成为官方事实。为了结束宗教战争，最显赫的新教王子亨利将迎娶最尊贵的天主教公主，也就是国王的妹妹，未来的玛戈王后玛格丽特·德·瓦卢瓦。于是，战争结束，联姻将巩固两个教派最终的和解，结束笼罩法国的血腥冲突。哎，如果新教徒早知道的话……

科利尼三兄弟

加斯帕、奥代和弗朗索瓦三兄弟都皈依了新教，他们在无数次对抗天主教徒的军事战役中立下赫赫战功。（现藏于尚蒂伊孔代美术博物馆）

亨利四世 / Henri IV

决定命运之夏

当时，名门望族联姻是种政治行为，联姻巩固联盟，使其牢不可破，扩大王室与领主财富，使战争转变为和平，或相反，联姻旨在寻找战争最强大的盟友。新人们的情感、爱情甚至他们是否愿意，在联姻时都不考虑在内。有人也为亨利谋划过几次联姻，很多人甚至希望他与年长二十岁的英国女王伊丽莎白结婚。人们考虑的是促成两大新教王国结盟，决定性地战胜天主教统治的法国和统治法国的家族，并非考虑年轻王子的幸福。

与之相反，凯瑟琳·德·美第奇认为两派和解的时机已到。她意识到她强大的家族开始没落了，她和亨利二世生育了十个孩子，其中七个都已离世。国王查理九世重病缠身，最年轻的弟弟弗朗索瓦也病了，唯有亨利·德·安茹一人身体健康。如此年轻便离世的家族中，唯有一个王位继承人，实在太少了。加之女孩没有权利继承王位，万一发生不幸，王位将由血缘最近的男性近亲继承，其将被公认为王位继承人。而这一继承人，便是亨利·德·纳瓦尔。亨利的父系家族波旁王族，实际上是国王圣路易的后代。没有哪位法国男性比亨利更有权继承王位。

倘若玛格丽特与亨利结婚，倘若亨利成为国王，凯瑟琳·德·美第奇就可以见到她的继承人登上国王的宝座。她本可以成功推翻不公正的萨利克继承法，然而障碍重重，因为在新教和天主教两大阵营中，两方信仰最坚定的那批人都不看好这一联姻，他们想血拼到底，彻底打败仇敌。况且联姻还需征得教皇同意，亨利和玛戈是堂兄妹，教会原则上禁止堂兄妹结婚。此外婚礼的形式难以抉择，因为这对新人中男方是新教徒，不做弥撒，女方是天主教徒，需要神父见证婚礼。

让娜女王去世

凯瑟琳和让娜这两位母亲，作为各自家族的首领，两年间进行了激烈的商讨。让娜的身体已十分虚弱，生命在商讨中日渐枯竭。1572年春天，亨利十八岁、玛戈十九岁时，双方终于达成婚约，婚礼定在当年夏天举行。

然而让娜将无法见证儿子的婚礼。她回到婚礼的举办地巴黎，病情突然恶化，在远离儿子的城市离世。亨利此时正驻扎在贝阿恩，朋友们向他隐瞒了母亲严重的病情，但他还是得知了母亲病重的消息，急忙奔赴巴黎。6月12日晚，当亨利在夏朗德歇脚以进晚餐稍作休息时，他听见一位没认出他来的牧师请求信众们"为让娜女王的亡灵祷告"。母亲去世三天后，亨利才得知她的死讯，而且是从一个陌生人口中得知。母亲曾经深深爱着他，无数次为他而战啊！亨利终于成为纳瓦尔国王，但眼中满含泪水，痛苦万分，母亲作为他最重要的盟友、至关重要的参谋过世了。亨利在当天给家人的信中写道："我的哀痛和不安之情如此沉重，难以承受啊。"他伤心万分，发高烧卧床不起，不得不放弃参加让娜的葬礼。他需要两周多时间来恢复身体，以继续旅程赶往巴黎……

7月初，亨利率领近千名戴着重孝的胡格诺派王公显贵，在波旁王族表兄弟和巴黎行政官员的迎接下进入巴黎。

战争的历练

（左页配图）
出色的女谋士
凯瑟琳·德·美第奇在丈夫亨利二世去世后，真实性格得以显现：她精于算计，背信弃义，又冰雪聪明，是具有远见卓识的母亲，知道如何应对局势。
（15世纪匿名画作）

亨利四世 / Henri IV

婚礼

婚礼定于 8 月 18 日举行。亨利已经多年未见玛戈，她体态丰腴，大大的杏眼流露出狡黠之情，是宫廷的一颗明珠。她博览群书，知识渊博，思维敏捷，生活精致。她喜欢宫廷里的男人，尤其是亨利·德·吉斯，其堂堂仪表令她神魂颠倒。

在玛戈眼里，亨利·德·纳瓦尔就是个土里土气的堂弟，笨手笨脚，穿着不得体，缺乏教养，毫无高雅的宫廷品位，总在行军打仗，参加狩猎比赛，归来时大汗淋漓，体臭熏人，对宫廷的精美服饰和香水也一无所知。

因此，如果说玛戈在婚礼前几天还在哭诉和抱怨这桩违背她意愿强加于她的婚礼，我们也毫不惊讶，因为公主们总是身不由己……

让娜生前和凯瑟琳·德·美第奇已经安排妥当婚礼仪式中最尴尬的细节。根据天主教教义，为了玛戈能够名正言顺地出嫁，需要安排她做弥撒，亨利则不用，因为他是信奉新教的君主。于是，所谓的婚礼在巴黎圣母院前的广场上举行。讲坛搭建在教堂正门前，一道长廊由讲坛通往主教府。"前所未有的人山人海"，在人潮的欢呼声中，这对新人通过长廊抵达教堂。玛戈后来写道："民众观看我们的婚礼仪式，挤得快窒息了。"两位新人一交换完誓词，亨利就优雅地挽着年轻的妻子走向教堂的祭坛前，深深行了一个屈膝礼后转身离开，留下玛戈独自参加弥撒。弥撒仪式持续了好几个小时。亨利与随从们在附近的主教府打发时间，等妻子的弥撒结束后，他回到圣母院门口迎接妻子，在众朝臣的掌声中为她献上丈夫的第一吻。

庆祝活动随即开始。四天时间里，新婚夫妇、双方亲戚、随行领主和效忠他们的侍从们奔波于层出不穷的庆典活动。王室凡

战争的历练

亨利与玛戈

玛格丽特·德·瓦卢瓦是国王的妹妹。虽然这对年轻夫妇几乎互不相识,但已不重要,因为政治总是先于情感。他们双方都需要漫长的岁月来了解另一半的性格。(现藏于法国国家图书馆)

能举办的舞会、无止尽的盛宴、戏剧表演、芭蕾舞会、车马游行、马上长矛比武、假面舞会,这一切活动都将在玛戈与亨利夏季婚礼期间举行。

亨利四世 / Henri IV

谣言使城市陷入恐慌

亨利·德·吉斯

这位伟大的领主是天主教派最重要的领袖，也是玛戈亲密的好友，富有魅力又野心勃勃。围绕圣巴托罗缪大屠杀的筹划准备，他在幕后起着蛊惑人心的作用。（16世纪法兰西学派画作，现藏于卢浮宫博物馆）

第五天时，一切都失控了。

王室举办的庆祝活动越丰富，城市越狂热。巴黎这座典型的天主教城市，首先见证了新教领主们率领军队入城的场面，他们如同征服者一般，高声讲着话，战马堵塞道路，他们的地方口音在卢浮宫四面八方回荡。巴黎在这种热闹非凡的氛围中喘不过气来，城里人人精神亢奋。此时，传言年轻的国王马上要皈依新教，该死的胡格诺教徒这次真地赢了，善良的天主教徒在这个王国中将不再有安稳日子过。当朝臣们一起大吃大喝举杯欢庆之际，巴黎，这座平民的巴黎，俨然已成为一个火药桶，一点火星就足以引爆。

8月22日上午，庆祝活动已于前一晚结束，此时国家参事院正围在国王身旁建言献策。时任部长海军上将科利尼刚从参事院走出来，他边走边专心看信。突然，人们听到一声枪响。有人用火枪从吉斯家族一位近亲家的窗户朝他射击，本应是致命的一枪，因为凶手瞄准的是腹部，而科利尼出人意料的一个动作，让凶手惊慌失措，子弹只击中胳膊。

科利尼是新教阵营最受敬重的精神领袖，因而新教徒群情激愤。各地新教徒聚集请命，查理九世恐

战争的历练

惧不安。他安排御用的外科医生为科利尼治疗，亲自赶往他的府邸探望。为了阻止凶手逃跑，国家宣布进入警戒状态，巴黎关闭所有城门。新教徒应该离开这座城市吗？为此新教高层召开了会议。作为新教领袖，亨利积极行动，得到了国王的承诺。他天真的自信更胜一筹，说服了经验更丰富的领主，或戒心重重的战友。于是，新教徒决定留在巴黎。

天主教徒一得知这个消息，谣言再起：新教徒之所以留下，是因为他们决定复仇！吉斯家族派人散布谣言，整个巴黎惶惶不安，新教徒预谋绑架国王、太后和亲王们的谣言也传得沸沸扬扬。天主教领主们纷纷逼迫懦弱的国王，政变一触即发，一旦发生，局势将难以控制。忠心耿耿的领主们希望国王接受他们的保护，并采取措施预防叛变！凯瑟琳·德·美第奇也持有同样的观点，她认为必须结束这一切。查理九世抗拒几小时后，突然妥协了："你们将新教徒赶尽杀绝，一个不留，以后就无人指责我！"

暗杀科利尼

吉斯公爵立刻传达了国王旨意，命令杀手们子夜时分在市政厅前集合，以警钟声为信号。国王卫队收到命令，不让任何一个新教领主走出卢浮宫。谋乱分子左臂佩戴白色袖章，帽上装饰十字架，便于夜里相互辨认。

子夜时分，警钟声在巴黎上空回荡。他们的首要目标是除掉科利尼。杀手们窃窃私语："我们要刺他的头……"他们冲向科利尼的府邸。听到喧哗声和尖叫声时，科利尼起初以为这是一场针对国王的阴谋，但很快他就意识到杀手们的目标是他。他的两个瑞士侍卫横尸府邸门口，杀手们踏过他们的

卑鄙的祈福

洛林红衣主教路易二世·德·吉斯是亨利·德·吉斯的兄弟，正在为即将参加圣巴托罗缪大屠杀的天主教谋乱分子祈福。

亨利四世 / Henri IV

尸体要冲进屋子。此时,科利尼率侍卫在门后堆起箱子阻挡进攻,但他很清楚抵抗持续不了很长时间。因此,上将转身对准备战斗的忠诚部下说道:"孩子们,我不再需要人类的救助。我心甘情愿从上帝手中迎接死亡。你们逃吧。"于是这几个侍卫从窗户逃走,科利尼跪在了床边。此时,杀手们连续撞击,破门而入。五名士兵手中持剑,后面跟着十人,冲进了卧室。第一个大声喝道:"你是海军上将?"受伤的科利尼回答道:"年轻人,请尊重我这位老者!"此时,另一个已经展开攻击。"我要是死在骑士剑下,而非这个无耻之徒剑下就好了……"这是他生前最后一句话。他的喉咙中了致命一剑,头上也中了一剑,这位新教军队及法王军队领袖的生命结束了。科利尼的尸体随即被抛出窗外,更令人发指的暴行接踵而至。火把烟气缭绕,微光映照下,疯狂的尖叫、嘶吼声中,有人猛击他的尸体,有人割下他的头。一些孩子把斩首的尸体绑在一根绳上,在街上拖行。天主教徒对这具死尸进行了"虚假的"审判。血迹斑斑的尸首前,一些年轻人装扮成法官,另一些扮作检察官,在这个骇人听闻的审判游戏中,他被判处火刑。士兵们把他的尸体扔在十字路口点燃的火堆里焚烧。之后,又把尸体从桥上扔进塞纳河里。尸体沉入河中三四天后,

暗杀科利尼
杀手们迅速闯入室内处决熟睡的新教徒。他们的首要目标是海军上将科利尼的住所。(16世纪彩色版画)

海军上将科利尼
他是伟大的战争领袖和精明的谈判高手,起初效命于亨利三世。虽然改信新教,但他对查理九世依然具有一定的影响。这是他被天主教极端分子暗杀的原因。

丧心病狂的天主教徒竟然把这具四分五裂的尸体挂在蒙福孔绞刑架上示众。

圣巴托罗缪大屠杀之夜

圣巴托罗缪大屠杀由此开始，成为法国历史上最惨绝人寰的事件之一。科利尼被残忍杀害就是一个信号。8月24日夜里，屠杀随处可见，清晨时屠杀已肆无忌惮。无论成人还是儿童，男人还是妇女，所有疑是新教徒的人都被割喉、刺杀、击毙或猛击至死，他们的尸体被丢进井里，或随手从楼上扔下，街道上血流成河。塞纳河顺流将数千具尸体冲至巴黎下游河岸。陪伴亨利参加婚礼的所有新教王公显贵、他最要好的朋友、家庭教师、顾问官们几乎都被残忍杀害了。

起初，亨利如同住在卢浮宫里的大多数人一样，并不知晓正在发生的惨案。第二天早晨，他甚至还想去打网球，但消息渐渐在大街小巷流传，进而得到确认。很快，亨利就了解了真相。他

命中注定之夜

圣巴托罗缪大屠杀夜里，仅仅几小时3000名胡格诺教徒被杀。接下来的几天，全法境内约有20000人因为信仰遇害。（16世纪彩色版画，现藏于法国国家图书馆）

身边最优秀的领主、最博学的朋友、最勇敢的战士都在这场悲剧中丧生。他打听到为了防止任何新教徒逃跑时得到帮助，巴黎的城门将关闭三天。当然，这场屠杀没有波及亨利和他的表兄孔代亲王，因为他们都是王族亲王，但其他亲王很少有前来营救他们的。

凯瑟琳·德·美第奇赞同这些举措。年轻的国王查理九世意志如此脆弱不堪，她难辞其咎。母子二人见到屠杀场景时，也害怕了，如往常那般，查理九世变得疯疯癫癫。8月27日，国王发布了一则冠冕堂皇的声明试图制止暴行。传令官们在巴黎所有的十字路口，大声传达着终止屠杀的旨意。当然，屠杀、恐惧和野蛮的暴行依然肆虐，直至凶手们再也寻不见杀害目标。圣巴托罗缪夜的疯狂行径和滔天罪行甚至蔓延至外省，因为凯瑟琳·德·美第奇和查理九世给国家重要城市派驻的代表官员下达了和巴黎完全相反的命令。事实上，局势已经失控，而他们可能以为只是清除了几个新教徒。屠戮景象随处可见，他们母子是罪魁祸首。

难以抹去的污点

母子二人犯了一个更为严重的错误——他们为凶手正名，为杀手们辩护。维护圣巴托罗缪大屠杀的凶手，将永远成为瓦卢瓦王朝最后几任君主的污点，也无疑会是法国整个君主专制制度的污点。国王本应是所有人的国王，是"所有臣民之父"，以政治之名袒护如此恶行，袒护凶手舍弃遇难者的国王，不再是受人尊敬的国王。

圣巴托罗缪大屠杀成为法国历史上最黑暗的日子之一。一派民众如此残忍地屠杀同胞，精心组织的屠杀引发内战，阴谋家的背叛行径，懦弱的国王成为阴谋家的同谋，所有这一切不仅让新教徒、让受难者的朋友们、兄弟们，让他们的后代刻骨铭心，而且给所有热爱法国的人士心里刻上深深的烙印，因为法国本应是宽容的国家。

战争的历练

母子

凯瑟琳·德·美第奇对查理九世产生了极其重要的影响。她敦促国王同意在巴黎屠杀新教首领。但事态发展迅速难以控制，他们二人都无法阻止这场愈演愈烈地狱般的屠杀。（16世纪法兰西学院绘画作品，现藏于巴黎卢浮宫博物馆、凡尔赛宫）

亨利四世 / Henri IV

囚徒君主

年仅十九岁的亨利极其震惊。他的亲朋好友成为大屠杀的遇难者，他觉得自己负有全部责任。很久之后的一天，他表达出当时感受到的绝望："那些陪伴我到巴黎的伙伴，他们全死了。我一人之令，他们奔赴而来，没有别的保证，只有国王对我的承诺，他向我保证会待我如兄弟一般。我悲伤至极，宁愿用自己的生命去换回他们，他们都是因我之故才失去生命。眼见他们都被杀害，甚至死在我的床前，我孑然一身，无朋友可依。"但当时，他除了强忍复仇的欲望之外别无他法。事实上，此时的他已经一文不值了。他的母亲已离世，几乎所有的亲朋好友、军队上尉、曾经伴他左右的新教王公和部下们都遇害了。新教军队将领是最早的遇害者，导致军队四分五裂。亨利和他身边未被处决的新教徒只抱有一个信念，即活着。为了活着，他们佯装臣服。王室强迫他们背弃新教，为了活下去，他们屈服了。亨利甚至写信给贝阿恩，要求在贝阿恩恢复天主教。

亨利被软禁宫中，他选择强装笑颜。他变得前所未有那般和颜悦色，对所有人都笑脸相迎，雅致风流，很吸引贵妇们。他还参加宫中朝臣举办的娱乐活动，但心思早已飞出九霄云外。这个年轻人变得刚强，不会再轻易上任何当，时刻惦记着丧失的自由和必须实施的复仇。一天，他把心中思绪写信告知一位朋友："宫

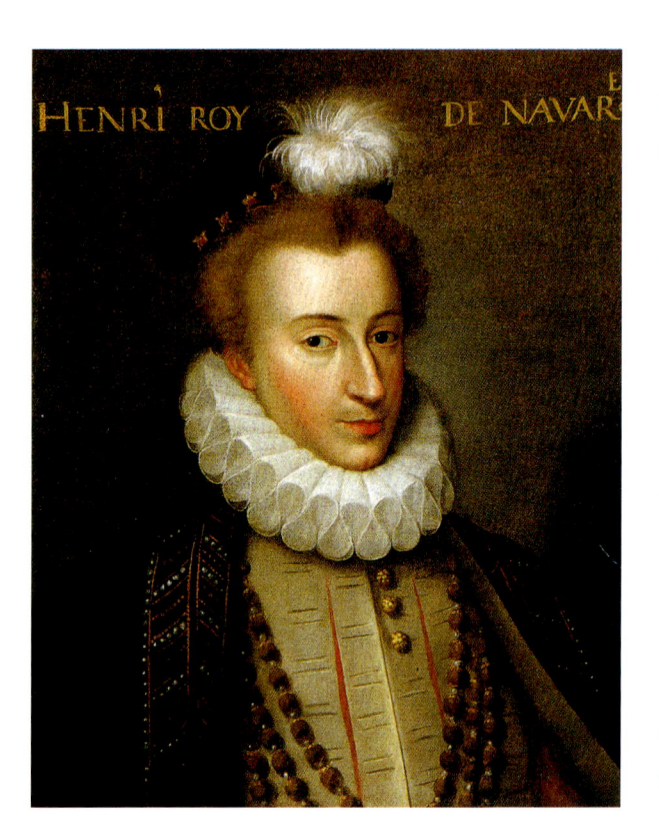

十九岁的亨利

从此以后，亨利孤身一人。作为纳瓦尔国王、法国国王的妹夫和王族亲王，这个年轻人被赦免，但他失去了所有的朋友与部下。他唯一能够活下去的办法就是伪装，我们在波城古堡这幅再现当年历史事件的当代画像上能够察觉到这一事实。

廷是您曾见到的最奇特之地。我们几乎时刻准备着割断对方的脖子。我们披风下暗藏匕首、暗穿胸甲，我只待时机，打场小仗。他们扬言将会杀了我，我却想抢先一步……"

实际上，亨利在这个金碧辉煌的囹圄中要挨过四年。这期间，上天安排一桩惨事，将助这位年轻的纳瓦尔君主改变命运。圣巴托罗缪大屠杀后，查理九世的结核病重度恶化。他变得虚弱无力，越来越频繁的高烧导致他陷入可怕的谵妄状态，也只能靠躺在担架上由人抬着行动。他于1574年5月30日去世，享年24岁。

新任国王亨利三世要从极其遥远之地返回宫中。实际上，在

宫廷舞会

亨利必须遵循宫廷风尚，去狩猎、打网球或参加舞会……但他都是心存戒备。（16世纪画作，现藏于雷恩美术馆）

亨利四世 / Henri IV

此之前他的母后已成功使他当选波兰国王！在等待亨利三世回宫之际，凯瑟琳巩固了自身的摄政大权。因为她所有的孩子中，如果亨利三世再遭遇不幸，就只剩下唯一的弗朗索瓦登上法国王位。弗朗索瓦是阿朗松公爵，他极其厌恶母亲和王兄。这些年来，他有时和亨利一起商讨，有时自己筹谋，一直在密谋反叛他的兄长法国国王和母后凯瑟琳。在弗朗索瓦的帮助下，亨利不断尝试逃离王宫。但他每一次计划都以失败告终，甚至在查理九世葬礼那天，他也未能成功。逃亡失败后生活还要继续，即使在我们看来有些离奇古怪，他还得在宗教仪式、狩猎活动、华丽舞会、风流韵事间流连盘桓。亨利总是多情风流，玛戈也常被宫廷骑士诱惑，对亨利的情事视而不见。

亨利的决定

最终，弗朗索瓦·德·阿朗松藏在一个贵妇的华丽马车里，将第一个逃离。他外逃的讯息，对亨利三世不妙。消息传开时，亨利三世正焦头烂额，因为一支由德国士兵和瑞士士兵组建的新教军队正屯兵东部边界，准备入侵法国领土。1575年10月10日，亨利·德·吉斯顺应时势，率领法王军队在香槟地区的多尔芒市取得巨大的军事胜利，阻止了德瑞联军的进攻。正是在这次战役中，他脸上留下一道伤疤，为他赢得"刀疤"的绰号。

国王亨利三世真弱啊！天主教教徒们都认为，未来天主教神圣联盟领袖亨利·德·吉斯才是民族英雄。法国南部和东部的新教军队也似乎具有威胁性。亨利三世的弟弟，此时还是王位继承人的弗朗索瓦，竟然也在秘密谋反！

亨利将选择这个时机，他也要逃走，不过凯瑟琳派遣的国王卫队一直紧跟着他。他便施展计谋。为表明他对天主教怀有善意，他多次露面，去拥抱安慰受伤的亨利·德·吉斯。他面带微笑，与遇见的所有人都兴高采烈地交谈，似乎宫廷中无人如他这般无

战争的历练

施计逃离

亨利·德·纳瓦尔在王室年轻王公们的陪同下，多次外出狩猎野猪。狩猎途中伺机逃跑的想法，逐渐在他脑海中生根发芽。（16世纪弗拉芒挂毯，现藏于南特多布里博物馆）

忧无虑。但夜里，他的朋友们会听见他在床上为死去的同伴哭泣，在梦中为自身的孤独哀叹。因此，他们下定决心告诉亨利："当您眼里饱含泪水时，您真正的朋友手中都紧握武器。您愿意一直在宫里当奴才，不愿到别处当主子吗？"亨利做出了他的决定。

他要逃离，必须提前筹谋策划。如果他被追捕，他的装备如此匮乏，护卫如此稀少，将毫无机会逃脱。他必须消除侍卫们的警惕性。亨利会假装消失整整一天一夜。第二天上午，他脚蹬靴子再次出现在侍卫面前，如同他在狩猎归途中迷路了那般。"怎么了？大家担心我失踪了？确实，我本有一百次逃离的机会，可我一点都不想逃。"1576年2月4日夜里，他真的在这个隆冬时节逃走了！当然，当侍卫展开搜寻时，两三天已过去了。

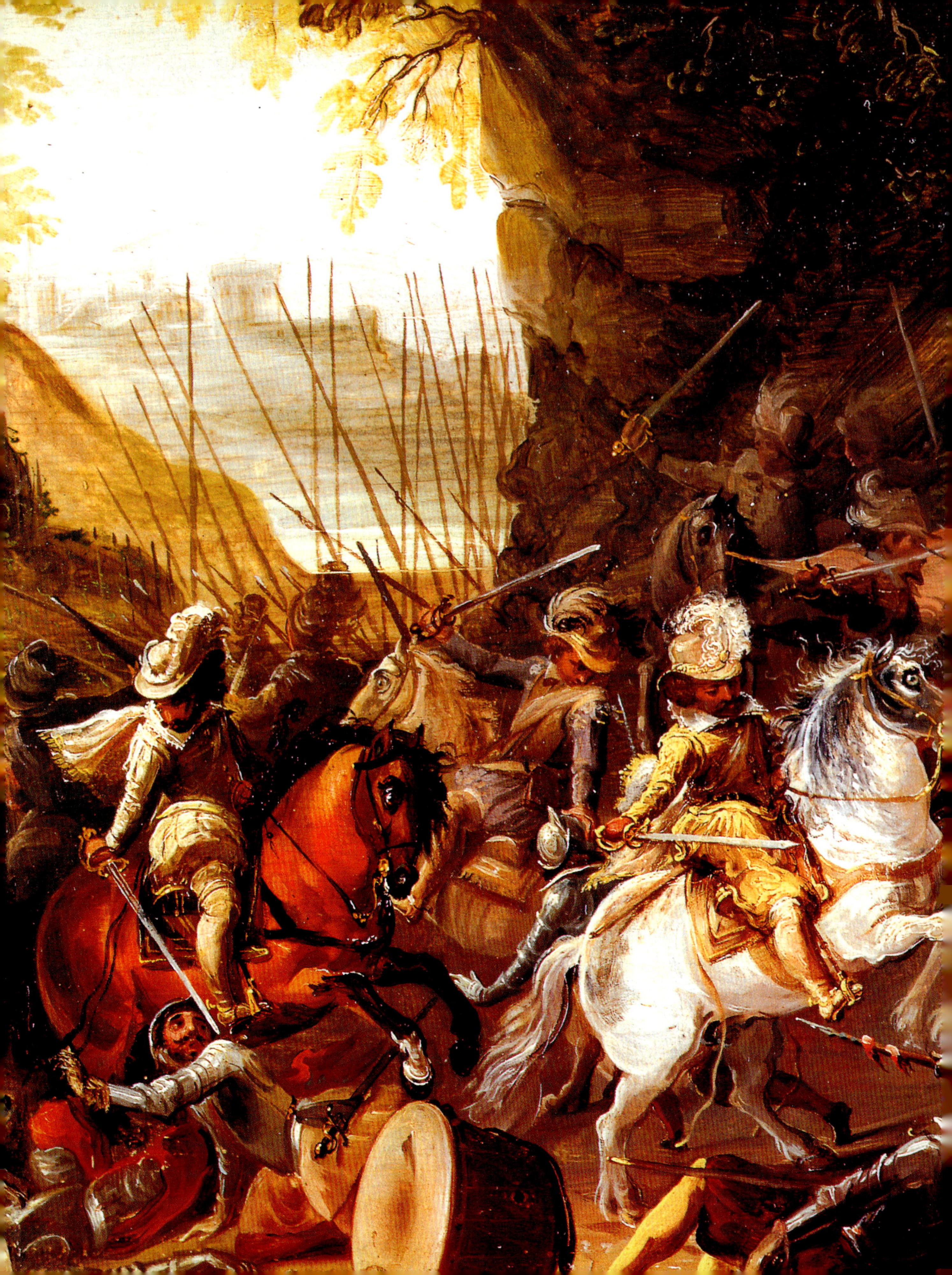

反叛君王

亨利四世 / Henri IV

（前两页配图）
骑兵部队指挥官亨利
这幅画作绘于17世纪初，现藏于波城古堡，没有再现任何特定的战役，但画作生动表现了亨利的鲜活形象。他23岁时已成为反叛君王、战争领袖，并一直持续近二十年。

亨利三世
他头脑聪明却优柔寡断，据说他是母亲最喜爱的王子。对最强硬的天主教徒，他不会强行树立君王的威严，只会心思异常巧妙地操控野心勃勃的吉斯公爵。（16世纪画作，现藏于卢浮宫博物馆）

夜里漆黑，异常寒冷，林中小路笼罩在浓雾中难以辨别。但反叛君王亨利在黎明时分成功渡过塞纳河。到达博斯地区后，他便马不停蹄地奔向新教统治的阿朗松地区。没过多久，他就跨过卢瓦尔河。尽管路途中险象丛生，但笑料也不断。一个当地绅士带领队伍赶路，他没认出亨利，路途中在马背上总在讲亨利的无数笑料，说他作为玛戈的丈夫没得到一桩美差，因为他无数次被玛戈欺骗，玛戈与遇见的所有领主都有染。夜幕降临，亨利他们一直赶往的目的地城市到了。守卫们在城墙上值守，这时，守卫听见逃亡人群中传来一道命令："给你们的主人开门。"据说那个绅士被自身的大胆和无知犯下的错误吓坏了，赶紧远逃，花了三天时间才回到家！

与故人重逢

亨利成功逃脱，法国国王再也无法追捕他。这位年轻的君王，此刻无人敬重的君王，似乎不再掌握任何军事力量，似乎他被比他更强大的众多对手打击惨了，如国王亨利三世，整合北部和南部新教军队的弗朗索瓦，还有所有天主教徒都拥护的亨利·德·吉斯。他将去往何处？他首先要寻根，于是他没有朝东走，而是奔向西南。他将重新皈依新教，尝试温和的治国方略，并非煽动新教徒卷入冲突，他说道："我与所有正直的人同在。"他没有向国王宣战，必要时也不逃避冲突，且从未断绝与亨利三世的联系。

亨利首先要与故人重逢，但重逢于他来说并非易事，因为西南地区的新教徒并未等待着他归来。他度过漫长奇特的四年囚徒生涯时，这些新教徒感到被抛弃了、被背叛了，因此迎接他的态

反叛君王

二十三岁的亨利

画中呈现的是1576年的内拉克君王亨利。从此以后,他就留着络腮胡和唇髭。他取下所有的宫廷饰品,在这幅精美的素描上,他最终成为他自己。此画现藏于巴黎国家图书馆。

亨利四世 / Henri IV

度十分冷淡。亨利没有强迫他们。他明白首先应让西南地区的民众从内心深处接纳他，等待也符合他的现状。他也需要重寻自我，忘记宫廷里的阴谋诡计。他需要学习管理臣民，需要重新学习和三五好友策马飞驰，需要重获他们的友谊。

重获人心

朋友将是亨利人生的重要力量。他如普通人一般与他们交谈，以军中亲昵的你相称，叫的是充满友情的小名，他如此爽快让友人无法拒绝他的任何请求。亨利写给他们的那些著名信件，如今仍流露出一丝与众不同的芬芳。他给一位朋友写道："伟大的'吊死鬼'哦，我路过你家时会去品尝你的葡萄酒啊"；给另一友人信中，他说："'癞蛤蟆'，请告诉我你的近况，你是否痊愈了，因为我盼望见到你"；第三位朋友的信中，他写道："我的'割草人'啊，给你最强壮的座骑插上翅膀吧！为什么？到内拉克来，

农家晚餐
亨利和磨坊主米肖一家围坐餐桌，显得惬意无比。他喜爱这样的生活，也必然会从中获益良多。大领主这种并不常见的行为启发了诸多画作，尤其是19世纪的作品，如《农家晚餐》。（现藏于波城古堡）

反叛君王

你就会从我这里知晓原因；你快点啊！奔跑吧！快来吧！飞奔吧！这是你主人的命令，你朋友的恳求。"大家怎能抵挡这般的友情？亨利身边，热情那么高涨，即使在这段如此频繁更换阵营的时期，他年轻时的朋友们没有一个会离开他。

重获臣民人心，亨利确实真正做到了，不是通过口头宣扬，而是凭借真实的生活实现。亨利变成乡下人，他脱下宫廷的华丽服饰，重新穿上粗糙的士兵服或乡下的猎人装。他发现自己的王国到处无人照管，农民非常不幸。国内到处流窜着武装匪徒，以宗教战争之名行抢劫之事，即如今我们称作在"敲诈勒索"最弱势的群体。因此，年轻的君王重新掌管他的国家。为了使国家秩序井然，他重建军队，颁布了诸多严苛的律法。有人如果犯杀人罪，处以死刑；如果犯强奸罪，处以绞刑；如果械斗，处以剁手之刑。亨利在统治的重要城市都派驻代表官员，国家秩序在很长时间后才得以恢复。

"长鼻子"

这段日子里，亨利不曾离开过他的部下。与他们一起，重拾旧日时光。他的足迹遍布贝阿恩、巴斯克地区、吉耶纳、加斯科尼，从大西洋南至朗格多克。他过着农民的简朴生活，在村庄里睡觉，坐下与最卑微的子民同桌用餐，很少被认出来。他有时也会在一个简陋的磨坊留宿，农民们亲切地称他为"巴尔巴斯特的磨坊主"。一天，他狩猎途中迷了路，便走进一座简陋的窝棚，坐在一个烧炭人的饭桌前，问道："你有没有任何可以吃的东西？""有野猪肉"，烧炭人回答道，"但是不能告诉'长鼻子'"。其实"长鼻子"指的就是亨利，烧炭

游历王国

我们同样在这幅画中见到亨利戴着帽子、手套，脚穿靴子，在一次游历途中迷路了。这家主人是个铁匠，收留他，给他水喝。（18世纪画作，现藏于波城古堡）

亨利四世 / Henri IV

自由君主

1576 年至 1594 年间，亨利逐渐摆脱巴黎阴谋诡计的沉重束缚，真实性格显露，融合了南方人的热情、对生存和爱的强烈渴求，夹杂着他所处阶层敏锐的洞察力和杰出的政治智慧。（17 世纪末期尼古拉·陶奈画作细节图，现藏于波城古堡）

人没有认出他来。第二天早晨，烧炭人很欣赏迷路猎人的纯朴，向他表达了一个心愿：他非常希望他的客人把他带到附近的城堡，因为他听说那里住着他梦寐以求都想见到的纳瓦尔国王。说干就干，他们立即出发。路上，烧炭人打听道："我怎样才能认出国王来？""这很简单"，亨利暗笑着回答，"他是唯一头戴帽子的人！"当他们到达城堡时，当然，整座王宫的人都向亨利脱帽致敬。亨利在马上扭身看他，大笑着问道："明白了吗？"烧炭人镇定自若地回答道："现在只有两个人头上戴着帽子：你和我。咱们两人中有一个便是国王。"当然，随之而来是亨利对他的报答和阵阵大笑声。这种生活方式，也是理解民众、被民众理解的最佳途径。一旦领地里的秩序稍有整顿，再次征服人心，美名又再流传，他也需要重获统治法国新教徒的权力。亨利离开王庭时，他有两个潜在的对手。首先是他的妻弟弗朗索瓦·德·阿朗松，其性格懦弱，身体虚弱。弗朗索瓦像曾经背叛天主教徒那般，又背叛了新教徒。新教徒很快就确认无法信任他。亨利的第二个对手是亨利·德·孔代。但从血缘上讲，他排在亨利·德·纳瓦尔之后。各个新教王国只需开会承认这一事实，亨利的权威就会彻底得到承认。

1581年5月，事情成为现实。新教教堂派出密使，众密使商讨整整一个月后，最终签署文件，承认亨利·德·纳瓦尔为法国新教教堂的保护者。亨利这个丧失威严又备受嘲笑的君王，花了五年时间重振秩序，征服民心，取代对手成为领导所有新教徒的强主。

玛戈与亨利

这五年间，亨利也竭尽全力与玛戈重逢。逃跑当晚，他曾笑着说道："我离开巴黎之际，我把弥撒和我的王后弃之身后了，我会爽快放弃前者，但我愿意重新拥有我的王后。"这一心愿花了两年才实现。起初，亨利三世拒绝放走玛戈，"我把她交给了一个天主教徒，而不是胡格诺教徒"，他充满恶意地说道。但玛戈并不安分，她伙同另一个兄弟弗朗索瓦密谋反对他们的王兄。国王最终厌倦了，同意玛戈动身前往西南地区。凯瑟琳陪同她前往，因为此行也是政治事务，凯瑟琳想尝试带亨利回王宫。

玛戈和亨利是一对很怪异的夫妻。他们时而亲密无间、友好和睦、默契十足，时而水火不容，时而把不忠于对方视为消遣，时而又暴跳如雷。年轻有为的君主，风华正茂的王后，都属于他们那个时代魅力非凡、迷倒众生、权势滔天、聪明无比的群体，但他们相处得并不和睦。最主要的原因是玛戈未给亨利生下一儿半女，而那时，一个继承人的出生对家族和王国的未来至关重要。

玛戈与亨利在内拉克重聚后，法国国王和纳瓦尔国王之间的关系变得紧张。法国国王派驻在吉耶纳地区首府波尔多的使节比隆，处处与这位年轻的君王作对，甚至拒绝让他入城。两方军队爆发了多次小冲突。凯瑟琳还是一如既往地奸诈狡猾，她确定此行的目标是安抚纳瓦尔，使其回归更友好的情感。但她刚到内拉克，纳瓦尔人就得知天主教军队攻占了加龙河边的城市拉雷奥尔。

亨利四世 / Henri IV

对此，亨利的行为不仅仅是指责他的岳母，他还在深夜悄无声息秘密集结士兵，骑马飞驰攻下了附近由天主教控制的城市弗勒朗斯！第二日早晨，大家得知这座城市被攻下了！凯瑟琳心领神会地笑了。她明白她的女婿不再是那个畏首畏尾的年轻臣子，不再是那个只要送给他年轻姑娘诱惑他就可以任人牵着鼻子走的年轻人了，他已成长为一名真正的政治领袖和军事领袖。因此，凯瑟琳在回宫前决定和亨利重归于好。如果需要做出让步，她也会做出些许退让的：她将交出一些要地，也会同意新教徒希望设立不隶属天主教、新教的中立法庭的要求。

双方签订合约，凯瑟琳将起程回宫。临行前，她说服亨利·德·纳瓦尔剪掉一直留着的长发。留长发是战场上所有新教士兵的习惯，剪发成为他归顺的标志，他所有的部下也剪了发。凯瑟琳欢天喜地返回北方。说到底双方关系没有产生任何改变，但至少气氛稍微有所缓和。

玛戈王后
1578年，玛戈与丈夫纳瓦尔国王重逢，贝阿恩人便给她取了此名。朝气蓬勃的宫廷引人注目，汇聚了全欧洲的伟大艺术家。（16世纪无名画作，现藏于布洛瓦博物馆）

科丽桑德之爱

玛戈成为纳瓦尔王后，在内拉克建立了宫廷。整个欧洲的艺术家、文学家、哲学家纷纷慕玛戈之名来到内拉克。她在修缮后的城堡里举办了盛大的舞会。白天，他们在花园漫步。刚刚崭露头角的音乐家组建乐队，活跃晚会的气氛。总之，玛戈的宫廷是 16 世纪末整个欧洲最时尚、最惬意的场所之一。

　　若没有亨利接二连三爱上的那些女人，一切都将安然无恙。他几乎一直都从妻子的女伴中挑选出爱慕的女人，这引起他们不计其数的争吵。因为只要她们迷惑了亨利的心，就会理直气壮地对玛戈放肆无礼。她们中甚至有个女人怀了孕。就在她分娩时亨利才对玛戈坦白，孩子没能活下来。王后呢，却和丈夫军队中英俊的骑士们厮混在一起！没多久，警钟敲得更响亮了。因为这一次，或许是亨利一生中唯一一次，他遇见了能够建立与众不同、更为深刻关系的女人，不再是寻常的艳遇。她名叫戴安娜·德·昂端，人称科丽桑德，这个名字是一部骑士小说中女主人公的名字。在小说里，这位女主人公是英勇善战、敢于为爱献身的骑士尊敬呵护的对象。这本书书名为《阿玛迪斯·德·高拉》，亨利很喜欢，这是他反反复复读过的为数不多的几本书之一。科丽桑德虽比亨利小一岁，却已是寡妇。她的丈夫生前曾是亨利的随从，后来战死沙场，给她留下两个孩子和一笔巨大的财产。与其他女人截然不同之处是她聪明绝顶又大公无私，另一不同之处在于她没有在初次见面时就投入亨利的怀抱。她一生中都和他保持某种分寸，既审慎又大方。她称他为"小宝"，由此可见她既温柔，又具有生活赋予她的成熟稳重。她很乐意塑造自我的独特性，去做弥撒时，

反叛君王

美人科丽桑德

戴安娜·德·昂端初识亨利时，是已有两个孩子的寡妇（画中人物就是她和女儿，现藏于波城古堡）。但她的身份没有妨碍她以科丽桑德之名守候在亨利身边参与他的事业，在他做出抉择时支持他。

61

她让一个身着盛装的摩尔男人、穿绿色长袍的一个巴斯克男子、她家的侏儒、一个年轻的英格兰侍从以及紧紧牵着小卷毛猎犬的仆从给她开路！亨利还为她买了两只色彩鲜艳的异域鹦鹉。但科丽桑德对她"小宝"的未来，尤其具有深刻且准确的见识。她预感到亨利的命运将如何转变，并为之全力以赴，永远在背后默默支持。作为寡妇，她无疑是自由之身，但如同她之后的众多其他女子那般，她从未谋划再嫁亨利。她很低调，极少露面，但以行动支持着亨利。她是天主教徒，却倾囊相助为亨利募集了将伴他出征的第一批军队。当亨利在库特拉首战告捷时，他甚至骑马飞奔两百多公里，只为给科丽桑德送回战场上斩获的战旗。

那些年，因玛戈返回法国王宫，科丽桑德的爱更肆意占据着亨利的心灵。但没过多久，法国国王和玛戈间就出现了新的摩擦。玛戈厌恶那些对国王影响恶劣透顶的"男宠们""男佳丽们"。他们察觉到玛戈这一态度，就不断在国王耳边转述一些或真或假的传闻，事关纳瓦尔王后无数的风流韵事，但都是他们栽赃给玛戈的。因此，亨利三世强制要求玛戈和她的侍女们分开，他责备她们包庇了王妹的私生活。而他很快就厌倦了，甚至未与玛戈辞别就将她送回他丈夫的王国。亨利·德·纳瓦尔因此大发雷霆。某些人说他的怒火源自他必须再次见到妻子……但他感到愤怒，主要是因为侮辱玛戈也就是在侮辱他。亨利与玛戈重归于好，然而与法国国王，一切似乎都表明无法和解。不过，一个将会改变历史进程的事件正在酝酿之中。

王朝终结

弗朗索瓦·德·阿朗松不再梦想着荣耀与征服，他所有的抱负都以失败告终。他心灰意冷，变化莫测的情绪、无节制的行为都在摧残着他的身体。长期以来，他患有结核病，生命垂危之际病情愈发严重。他开始大出血，身体消瘦见骨，最终于1584年5月病逝。他长期都在对抗他的母后，不过，凯瑟琳·德·美第

反叛君王

奇也为他的离世伤心落泪。十个孩子中，他是她眼睁睁看着离世的第八个孩子："我这般苟活于世间，看着孩子们都死在我面前，我是多么不幸啊！"此外，尽管亨利三世和妻子反复采用温泉疗法进行治疗，尽管他男女都爱，荒淫无度，对宗教狂热无比，但他始终膝下无子嗣，凯瑟琳也因此觉得更加不幸。她深切感受到这个她曾想方设法延续的王朝已走到尽头。如果亨利三世去世，瓦卢瓦王朝就绝嗣了，需要在整个君王家族谱系寻找男性继承人。毋庸置疑，血缘关系最近的继承人就是亨利·德·纳瓦尔。曾受众人嘲笑的亨利，在三十岁时成为法国王位的继承人。其实治国的打算一直存在于他脑海中，他在十年前逃出宫时，难道没有说过"治理这个国家，我比任何人都更有兴趣"？

但诸多天主教徒，尤其是最强硬派系的天主教徒，并不打算见到法国王位由新教徒继承，因为法国国王应是"君权神授"的国王！自圣巴托罗缪大屠杀以来，两个教派无数次互相残杀，犯下无数凶残的暴行，记忆似乎无法消除。然后，自君主政体建立之初，法国的所有机构都取决于国王的加冕礼。例如天主教会保管着圣安瓿瓶，加冕仪式中是主教给国王额头"抹上圣油"。在天主教堂给一个不承认教会权威的国王如何加冕呢？最终，王位继承一如既往也牵连多方利益。眼睁睁看着一个新教徒登上王位冒的风险，总而言之是要面临新教徒瓜分宫廷权力的风险。

弗朗索瓦·德·阿朗松

弗朗索瓦·德·阿朗松是亨利二世的第四子，比玛格丽特小一岁。他一直在密谋反对他的兄长法国国王和母后。因为亨利三世膝下无子，弗朗索瓦的离世给亨利·德·纳瓦尔开辟了一条通往法国王座的道路。（弗朗索瓦·克鲁埃画室作品，现藏于尚蒂伊孔代美术博物馆）

亨利四世 / Henri IV

瓦卢瓦王朝的终结与

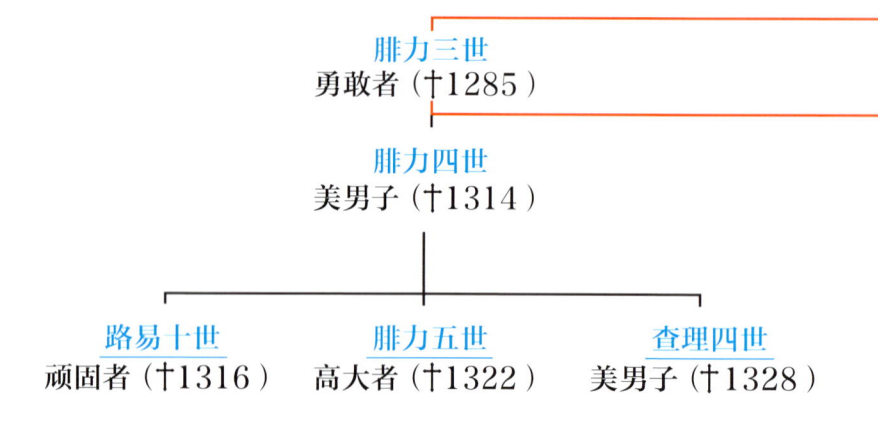

```
                        路易九世
                       圣路易（†1270）
         ┌─────────────────────┴──────────────┐
     腓力三世                                  查理
   勇敢者（†1285）                           瓦卢瓦伯爵
         │
     腓力四世                              **瓦卢瓦王朝**
   美男子（†1314）                              │
  ┌──────┼──────┐                          腓力六世
路易十世  腓力五世  查理四世                   （†1350）
顽固者    高大者    美男子                        │
(†1316)  (†1322)  (†1328)                   约翰二世
                                            好人（†1364）
                                                │
                                            查理五世
                                          英明王（†1380）
                                                │
                                            查理六世
                                            （†1422）
                                                │
                                            查理七世
                                            （†1461）
                                                │
                                            路易十一
                                            （†1483）
                                                │
                                            查理八世
                                            （†1498）
```

萨利克继承法

法国女性无权继承王位，也不能传位给后代。史学家声称这一传统源自用他们之名命名法国的高卢部族，即法兰克人。当时亦被称为萨利克人。萨利克继承法是关于法国王位继承的法律。而在贝阿恩地区，幸运的是女性完全可以如男性一样登上王位。

腓力三世	法国国王
路易十世	去世时无男性子嗣的法国国王
───	法国王位继承图
∞	配偶

64

波旁王朝的崛起

反叛君王

圣路易
法国国王路易九世，系波旁家族和瓦卢瓦家族共同的祖先。

罗贝尔
克莱蒙伯爵、波旁领地领主

波旁王朝

[7代]

路易
奥尔良公爵

查理
奥尔良公爵

路易十二
（†1515）

约翰
昂古莱姆伯爵

查理
昂古莱姆伯爵

弗朗索瓦一世
（†1547）

玛格丽特·德·昂古莱姆
∞ 亨利·德·阿布莱特
纳瓦尔国王

亨利二世
（†1559）

让娜
纳瓦尔王后 ∞

安托万·德·波旁
纳瓦尔国王（†1562）

弗朗索瓦二世
（†1560）

查理三世
（†1574）

亨利三世
（†1589）

玛格丽特·德·瓦卢瓦 ∞

亨利四世
纳瓦尔国王
继而成为法国国王（†1610）

亨利四世 / Henri IV

三亨利之争

　　亨利·德·纳瓦尔将成为法国国王，遭到某些天主教大领主的反对。因此，他们秘密集会组建名曰"神圣联盟"的组织，旨在让天主教永远掌握法国权力。神圣联盟领袖是法国最广为人知的亨利·德·吉斯，绰号"刀疤"，他英俊无比，包括玛戈在内的所有女性都倾慕他，他也是天主教最强硬派系的偶像。

　　神圣联盟是新教徒的劲敌，但事实证明却截然相反，因为他们的首领都意图夺取王位。

　　如今"三亨利之争"拉开序幕，他们是体弱多病的法国国王亨利三世、神圣联盟领袖亨利·德·吉斯，以及法国南部胡格诺教徒领袖亨利·德·纳瓦尔。

　　不过，历史有一条重要规律：每一场三者之争最终总以两方合力对抗一方结束。亨利三世不喜欢亨利·德·吉斯，便写信给纳瓦尔的堂弟提醒他吉斯家族针对他在筹划阴谋。不过法国国王与纳瓦尔国王似乎不可能实现结盟，因为这需要新教国王亨利改变信仰……

　　起初，国王亨利三世与神圣联盟结盟，因为凯瑟琳·德·美第奇希望如此。1585 年 7 月，《内穆尔条约》签订。亨利三世为避免遭受袭击，对神圣联盟做出让步，他保证将新教斩草除根，承诺王位继承人绝不会是新教徒。他将一些城池和收入赠与吉斯

争夺核心人物

纳瓦尔国王亨利是"三亨利之争"的核心人物：亨利·德·吉斯想方设法想除掉他，亨利三世试图拉拢他来共同压制神圣联盟不断扩张的势力。

反叛君王

家族及其盟友，联盟的实力更加膨胀壮大。国王与神圣联盟成为盟友，他们将一起对付新教徒！巴黎这座属于神圣联盟的城市里充满了欢呼声。亨利·德·纳瓦尔则忧虑重重，他很清楚这一决定的意义。战争将再次爆发，赌注巨大：新教徒要么生，要么死。

神圣联盟

神圣联盟，亦称"天主教神圣联盟"，成立于1576年，由激进的天主教徒组成，他们意欲彻底铲除法兰西王国中的新教徒。联盟领袖是亨利·德·吉斯和兄弟洛林红衣主教。他们真正的权力，在于控制一个近乎军事性的组织。巴黎被分为十六个区，每个区都有一个首领，这支秘密军队的十六个首领以亨利·德·吉斯为核心，组成联盟的秘密政府。联盟和国王亨利三世身边圈子里多人私下勾结，企图让吉斯家族的某个首领取代亨利三世，连王后路易丝·德·洛林也是吉斯家族的近亲。在亨利三世下定决心消灭联盟之前，联盟的势力变得越来越壮大。

神圣联盟队伍

请大家注意这支人数众多、装备精良、成员来自各行各业的队伍！联盟由西班牙雄厚的资金资助，吸纳众多修道士加入，他们在无数次举行仪式的过程中煽动民众。

67

亨利四世 / Henri IV

库特拉战役

　　天主教军队由国王的妹夫茹瓦约斯公爵率领。亨利·德·纳瓦尔率领新教军队,等待着德军的增援。茹瓦约斯没有留给他等待援军的时间,1587年10月,他决定在库特拉攻打新教军队。

　　库特拉位于波尔多地区,是两河之间的一个小平原。两支队伍势均力敌,均有士兵五六千人。亨利率军首先到达作战地区,他凭借敏锐的洞察力发现了两个地形要地:近处一座沙土小山丘和稍远处田野间的一条低洼小路。小山丘上可俯视整个平原,他在上面埋伏了大炮;低洼小路上,他藏匿火枪兵,还在一片小树林里布置了部分骑兵。两支队伍的军容风貌截然不同。一方是亨利成熟的队伍。士兵们多年来艰苦卓绝作战,个个身经百战。另一方是年轻的天主教军队。士兵们都是宫廷中的年轻上尉,他们穿着时髦的服饰,戴着鲜艳的帽子,骑在毫无经验的马背上,战马乱蹦乱跳。新教军营中弥漫着沉重严肃的气氛,士兵们都在沉思和祈祷。他们双膝跪地,唱着《圣经》中的圣歌:"这是上帝创造的幸福日子⋯⋯"而另一阵营中,年轻的士兵们在嘲笑他们:"我看新教徒害怕了。他们将灵魂都托付给上帝,是因为他们知道自己会惨败。"一个经验丰富的上尉责令他们闭嘴:"胡格诺教徒这般行事时,是他们完全准备好了投入战斗!"

　　战斗打响,士兵们发现亨利制定的战术正确无误。山丘上的火炮比天主教军队的火炮占据了更为有利的位置,茹瓦约斯被迫匆忙改变布阵。火枪兵在低洼的战壕里开始射击时,国王的骑兵队就被击散了,此时亨利才派出他保存的骑兵兵力。双方阵营的士气已与战前截然相反。两支队伍短兵相接,厮杀场面十分惨烈。亨利冲在作战队伍最前列。有时他发现几个士兵冲到他身旁保护他,就会焦急地喊道:"你们莫激怒我,我要身先士卒去杀敌！"

肉搏激战之际，一则消息突然在天主教军中迅速传开，说茹瓦约斯和陪同他作战的兄弟都战死了。国王军队的士兵们纷纷泄气，落荒而逃。天主教军队溃不成军，战死的士兵达两千多名，而亨利的军队身经百战，仅有三十余名士兵丧生。光赢得胜仗是不够的，亨利还需要将军事胜利转变为精神胜利。雅尔纳克的恐怖恶行和天主教徒对孔代尸体实施的暴行与凌辱，对亨利来说还历历在目。于是，他致敬了两个天主教上尉的尸体。随后，他把二人尸体送回他们的军队，以便让他们享有宗教荣誉，他甚至还写信给亨利三世表达悲痛之情："未能区分善良的法

向垂死者致敬

亨利作为法国王位继承人，在又一艰苦卓绝的战役中大获全胜。库特拉战役后，天主教军队死伤惨重，统帅茹瓦约斯公爵及兄弟都命丧沙场。19世纪画家维克多-让·亚当在该画中宣扬国王亨利的宽宏大量，画中的亨利向濒死的对手致敬，与天主教徒在雅尔纳克无耻谋杀受伤的孔代形成鲜明对照。

库特拉战役后

亨利身披白色肩带，似乎在亲切迎接缴械于他脚边的战俘。（19世纪画作，现藏于波城古堡）

国人与神圣联盟的拥护者，我特别伤心。请您相信我，战争中血流成河，我深感悲痛……"

此外，亨利还将做出一个至关重要的决定。如今他战场凯旋，不会再与为他提供援助的德军结盟。也许是他不愿意联合外国军队对付法国国王？也许他认为明智之举是不要侮辱有一天他将接替的国王？他没有乘胜追到巴黎，而是返回贝阿恩，将库特拉战役缴获的战旗扔在了科丽桑德脚边。

天主教阵营最后的希望

然而此时，人称"雇佣骑兵"（法语词为 reître，音同 rètre，德语词汇中 Reiter 才指"骑兵"）的德瑞援军穿越洛林防线后，开始南下向卢瓦尔河方向进攻。他们一路深入，百姓惊惶失措。此时亨利·德·吉斯指挥一个军团发起反击，德瑞援军惨遭失败。天主教教徒认为，这场胜利是"刀疤"未来王冠上的又一花饰！亨利·德·吉斯就是王国的救命恩人啊！天主教徒将国王的缺点、失败与他的风度、魅力、成就做出无情的比较。一个成功击败雇佣骑兵，另一个则在和"纳瓦尔人"（天主教教徒如此称呼亨利的军队）交战中惨遭失败。

吉斯家族三兄弟

吉斯家族三兄弟都是神圣联盟的重要成员。长兄亨利一世·德·洛林是第三代吉斯公爵，是神圣联盟第一任首领。查理排名第二，是马耶纳公爵，他在其他两个兄弟去世后做了神圣联盟的首领。最小的是洛林红衣主教路易二世，他是圣巴托罗缪大屠杀的主谋，长兄遇害两天后在布洛瓦被谋杀。（16世纪画作，现藏于布洛瓦城堡）

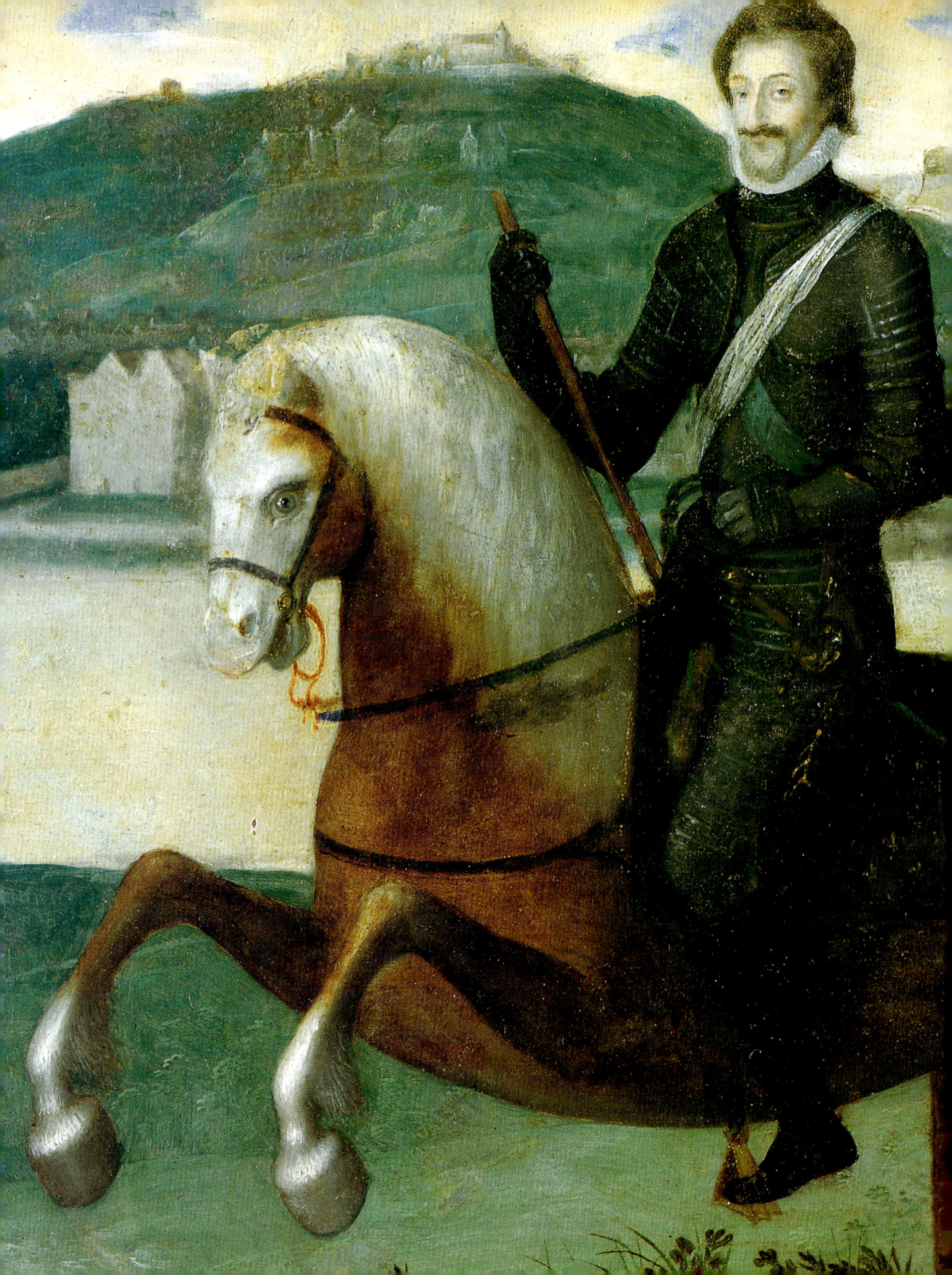

王位继承人

亨利四世 / Henri IV

（前两页配图）

画中展示的是一位野心勃勃的年轻人骑在马上勒马旋转；此时的他离王位越来越近。通过支持堂兄亨利三世收复巴黎，他和堂兄的关系变得十分亲近。

随着时光流逝，吉斯公爵的声誉越发显赫，法国国王的名声反而越发暗淡。天主教联盟成员心生阴谋：铲除亨利三世身边的亲信，从而夺取政权。三万名全副武装的士兵静待指令，整装待发。此时的国王对这一切心知肚明。此外国王也知道他的母后凯瑟琳·德·美第奇也加入了吉斯公爵的阵营之中。慢慢地，他开始琢磨自己如何能在和吉斯家族的较量中取胜。

国王为此所做的第一个决定便是禁止亨利·德·吉斯进入巴黎城内。但这位联盟领袖对这一禁令视而不见，入城包围了王室住地卢浮宫。于是国王只允许忠于自己的军队特别是瑞士雇佣军入城。不久后，天主教联盟便在巴黎发动了暴乱。为了迫使国王的军队寸步难行，天主教联盟成员在巴黎每个十字路口都设置了路障，他们堆起了装满泥土的大木桶来阻止国王军队，我们称之为"街垒"。这是第一例此类暴动，也成为巴黎反叛的一种传统方式。

亨利三世与亨利·德·吉斯：最后的动作

国王惊慌失措。他藏匿在早已易主的巴黎，目前的他只有一条活路："街垒日"的次日，也就是1588年5月13日，他在身边亲信的陪同下骑马逃离巴黎。他一边责怪巴黎民众，一边暗下决心：他曾爱这座城市胜过他的妻子，他一定要"突破城墙"重返巴黎，也就是说他已下定决心要发起进攻重返巴黎。

国王离开巴黎了！国王逃跑了！对整个首都，整个法国，这都是一记重创。国王的王权变得前所未有地衰败不堪。

与此同时，在这个动荡的欧洲，另一场冲突正悄然而至。不仅在法国，而且在整个世界范围内，新教和天主教之间的动乱冲突一触即发。西班牙国王腓力二世决心攻打伊丽莎白一世主政的英格兰。为此，他集结了有史以来最庞大的舰队——150 艘战舰，350 艘运输战舰，10 万名士兵，我们称为"无敌舰队"。整个欧洲都对西班牙这个超级强国的胜利拭目以待。

亨利三世也像其他人一样准备无奈接受西班牙的胜利。此时的吉斯公爵在亨利三世母亲的大力支持下，已掌控了法国王权，最难对付的天主教徒也期待着西班牙胜利凯旋一统欧洲。迫于局势，亨利三世不得不与吉斯家族宣布和解，签署了一个对他来说十分耻辱的协议——《联盟敕令》，法国真正的王权正是通过此不平等条约正式移交到了天主教联盟手中。

马背上的亨利三世

法国国王也像他的兄长们一样后继无人。因此亨利·德·纳瓦尔成为法国王位的第一继承人。出于大局考虑，亨利三世克制住自己对新教改革的抵触情绪，明智地与胡格诺派的堂弟拉近距离。（16 世纪绘画作品，现藏于尚蒂伊孔代美术博物馆）

硝烟弥漫的欧洲

可人算不如天算……欧洲各国惊讶得知，满怀信心准备取胜的西班牙海上舰队向英格兰海岸逼近时，却遭遇英格兰的围堵陷阱。虽说英格兰伊丽莎白舰队与无敌舰队相比是小巫见大巫，只得隐藏在英格兰海岸边的港口和礁石之后，但在这片沙滩上，有一群英格兰海盗，他们身手敏捷，深习水性，他们找来满载沥青的小船对抗庞人的"无敌舰队"，这些用于火攻的小船就相当于现在的鱼雷，趁着狂风和熊熊大火，庞大的木船被点燃，转瞬间西班牙舰队的进攻变成一场灾难！最终无敌舰队百分之九十的战舰都消失在了茫茫的大海之上。

亨利四世 / Henri IV

16 世纪末的欧洲

日耳曼民族神圣罗马帝国：自称是查理曼帝国的继承者。事实上，帝国是由德意志公国、奥地利及匈牙利王国组合而成的联合体。原则上，神圣罗马帝国的皇帝应该是所有基督教国家的统治者，但实则是由选帝侯选举产生，他们始终选举的是哈布斯堡帝国的选帝侯。宗教战争将神圣罗马帝国联合体置于万分险要的境地。与此同时，它还持续遭受来自东部的奥斯曼帝国的威胁。

法兰西王国：欧洲最大、人口最多的国家，但在当时还未扩展至如今的疆域。阿图瓦、弗朗什-孔泰、洛林、阿尔萨斯、萨瓦和尼斯的伯爵领地原本都是隶属于神圣帝国的外国疆域。自16世纪初开始，法国的一侧领土就被德国和西班牙的哈布斯堡家族包围。消除这一威胁是一百五十多年以来法国历届国王的首要任务。

西班牙王国：国王腓力二世(1527—1598)是查理五世的儿子，他继位时继承了大规模的领土，大大超过了当今西班牙的疆域：除了卡斯蒂利亚和阿拉贡王国外，他还拥有荷兰、弗朗什-孔泰、米兰公国、那不勒斯王国以及西西里王国的领地。此外他还在美洲获得了巨大财富。1580年，腓力二世征服了葡萄牙及其广阔的殖民地。

英格兰王国：在伊丽莎白一世统治的很长一段时间里 (1558—1603)，英格兰对新教的统治得以巩固，但她最终与罗马教皇决裂，被开除天主教教籍。爱尔兰人和苏格兰人对各自的独立忧虑重重，且他们大多都是天主教徒，因此无法逃脱英格兰的桎梏。苏格兰女王玛丽·斯图亚特于1587年执政。英格兰王国作为西班牙王国在海上的敌人，加强了对西班牙殖民地的攻击，通过粉碎无敌舰队使得腓力二世遭受了在位期间最为沉重的打击。

荷兰联省共和国：1566年，西属荷兰部分地区民众奋起反抗腓力二世，因为他推行的极端天主教政策让民众和大多数新教徒难以接受。荷兰北部的省份1581年宣布独立，成为此后的荷兰联省共和国。这个以贸易为主的小国几年间就发展为能够在航海和贸易上领先于西班牙巨人的强国。

奥斯曼帝国：苏莱曼一世的统治时代 (1520—1566) 标志着这个穆斯林帝国的鼎盛时期，他四处征战，捷报频传，帝国疆土从匈牙利经埃及，延伸到美索不达米亚地区。以西班牙为中心的天主教势力联盟通过1571年的勒班陀海战粉碎了奥斯曼帝国在地中海地区的统治。

罗马：罗马教皇不仅是基督教徒的精神领袖，也是罗马教皇国的世俗统治者。然而，西班牙国王对教皇国付诸武力，以此对罗马教皇施压。

亨利四世 / Henri IV

谋杀吉斯公爵

英格兰得救了,整个欧洲的新教徒都得以重振旗鼓。亨利三世长舒了一口气,马上废除了《联盟敕令》,罢黜了所有他曾被迫任命的天主教联盟公使,紧接着亨利三世组织召开了三级会议。然而吉斯残存的党羽势力依然很强大。自10月开始,三级会议的教士代表、贵族代表和平民代表就聚集于王宫所在地——布洛瓦。几乎所有的三级会议代表都选自天主教联盟,他们逼迫国王只能选择再次妥协。1588年秋,天主教联盟成员在宫廷里毫不留情地公然嘲讽国王:"国王还能把我们逮捕囚禁在修道院里吗?"无论如何,亨利·德·吉斯也即将成为法国国王。

亨利三世集结了一支忠诚的侍卫军队——传说中的"45名死侍",他们誓死效忠保卫国王。在12月23日黎明时分,国王命

"他死了比活着更值得尊敬!"
亨利三世派十名心腹侍卫刺杀了对手吉斯公爵,这是他看到吉斯尸体时呼喊而出的话。

人传召吉斯公爵来房间觐见，10名死侍手持短剑，隐藏在房间帷幔后面。待国王一发出行动信号，死侍们冲向这个阴谋家并刺杀了他。吉斯跟跟跄跄，奄奄一息，他痛苦地呻吟着，咒骂着这场阴谋，最终倒下了。事成之后，亨利三世立刻去见他的母亲，对她说道："夫人，我刚刚杀死了那个巴黎之王！我才是法国的国王！"解决了吉斯公爵后，死侍们又杀死了吉斯的弟弟洛林红衣主教以及天主教联盟的其他领袖，焚烧了他们的尸体并把遗骸扔进了卢瓦尔河。

这一消息在巴黎引起了轩然大波，人们放火焚烧国王的徽章，到处都在喊叫着要消灭"暴君"。国王的拥护者只能四处躲藏或被杀害。

凯瑟琳的遗言

凯瑟琳·德·美第奇已经精疲力尽，她最后一个阴谋以失败告终。她意识到她深恶痛绝的女婿将成为这一系列悲剧真正的受益者——继承王位。她开始发烧，因为结核病长期侵害着她的健康。这次，这一仗她似乎要输了。她立下遗嘱废除亨利·德·纳瓦尔和玛戈的继承权，这是她最后一个发泄仇恨的行为。直至做临终圣事那一刻，她心中仍怀有一丝希望。她一生笃信的星象和占卜曾预测她会死于"圣-日耳曼附近"，但她此时却在离圣 日耳曼相距甚远的布洛瓦。聆听忏悔的神甫走向凯瑟琳，他是亨利三世的宫廷神甫，凯瑟琳并不认识，便询问了他的名字，神甫回答道："夫人，我是来自圣-日耳曼的神甫于连。"这位老太后用尽最后的力气声嘶力竭喊了一声："我死了"，便一命呜呼。

1589年1月4日，亨利·德·吉斯遇害仅十二天后，亨利三世就独自一人重返巴黎。他的母亲自四十岁时就像恶狼一样觊觎法国王位，如今母亲刚刚去世，亨利三世失去了所有同盟，整个巴黎都厌恶他，到处都是天主教联盟的成员，人人都因吉斯家族成员遇害迁怒于他。亨利三世唯一的出路，就是与纳瓦尔国王结盟。

亨利四世 / Henri IV

两个国王的和解

亨利·德·纳瓦尔也得出了同样的结论。他知道，无论对于法国还是对于他的个人命运而言，天主教和新教之间、两个国王之间、两个堂兄弟之间的这场战争都应当终结了。如今的法国已千疮百孔，若想成为王位继承人，那么他们应当齐心协力共同对抗天主教联盟。因此，他在3月向法国民众发起呼吁："无论你们是天主教徒还是国王陛下的仆人，哪怕两者都不是，但我诚挚地恳求你们每一个人，我称你们为'法国人'，恳请你们对这个国家抱有一丝同情心吧！我们都已尽己所能，也都饱受磨难。这么多年来，我们都曾疯狂而又荒诞。"法国上演的这出戏仅有一个结局，那就是和解。"除了和解别无他法。双方的和解能让王国恢复秩序，重振雄风；能将坏人和腐败者一网打尽；能让人人都通情达理、心情愉悦、善解人意，这样国家才能长盛不衰。"

亨利三世同样被这一呼声深深感动，他身边的大臣都一致劝他也要有同样的意愿。法国国王秘密派出使者向亨利·德·纳瓦尔传信，这两位国王只用了不到两周时间便达成共识。4月30日，人们目睹了一个难以置信的场景——几天以来，两国军队和朝臣相处亲密无间。他们聚集在图尔附近，准确说在普莱西斯-莱兹-图尔城堡附近，亨利三世在城堡花园里等候，一大群人簇拥在他周围。在春日阳光下围观的人群甚至都爬上了刚发芽的树枝。突然人群中出现一阵骚动，随之而来是一阵喝彩声。只见亨利·德·纳瓦尔将标志着新教归顺的白色肩带斜挂在肩上，从通往花园的楼梯上走下来，人群中爆发出阵阵欢呼声。热情高涨的人们纷纷涌向两位君主，使他们寸步难行，无法相聚，只能远远地张开双臂示好。"国王万岁！国王万岁！"数分钟后，因十三年的斗争分离多年的他们终于相拥在一起。对法国来说，这是一个新时代的开端，上至最著名的战士、统帅和大臣，下至曾两天露宿街头的

普莱西斯-莱兹-图尔城堡
这座城堡建造于路易十一在位期间。路易十一在此去世，这里保存了这位君主的许多遗迹。然而关于著名的两王会见的相关记录则较少。

和解的缔造者

菲利普·德·舍韦尼连续担任亨利三世和亨利四世的顾问。德欧侯爵是亨利三世的男宠，他对亨利·德·纳瓦尔皈依天主教做出了巨大贡献。这两位都是亨利三世近臣中的榜样人物，也都对未来的亨利四世产生了有利的影响。（现藏于博勒加德城堡）

普通士兵，都与曾经的敌人相拥而饮。至少我们可以认为，法国从此远离了噩梦。

饱受威胁的国王

天主教联盟被激怒了，他们决定埋伏起来报复国王亨利三世。5月初，亨利三世刚送走亨利·德·纳瓦尔，自己就险些落入天主教联盟手中。眼看国王面临如此严重的威胁，于是有人号召新教徒前来护驾。亨利三世最终被亨利·德·纳瓦尔营救。从那之后，两人便成为生死之交。为了表明这份情谊，亨利三世也佩戴起白色肩带。这一举动引起了王国上下的不满。尽管如此，国王传递的信息却十分明确，即除了死亡，什么也无法将这两位国王分开。然而，造化弄人，真的有人想置国王于死地。1589年8月1日上午，亨利三世和亨利·德·纳瓦尔准备夺取巴黎并将天主教联盟从首都驱逐出去。显然，此时的形势已经倒向了两位国王，亨利·德·纳

亨利四世 / Henri IV

刺杀亨利三世
尽管面临诸多威胁,那天早上,国王还是相信了这名普通的修道士。雅克·克莱蒙实际上是异端分子,也是天主教联盟狂热分子手中的傀儡。

瓦尔正在巴黎城墙下筹划着进攻的最后细节。巴黎城内已暗流涌动,天主教联盟意识到已无法抵抗国王的进攻。此时亨利三世下榻在圣克鲁城堡。这天清晨,国王尚未更衣,躺在自己的摇椅上。根据当时习俗,国王的吃喝拉撒都是公开的。突然,门外传来一阵骚动,侍卫们将一名修道士拦在门外,因为国王并没有召见他。此时的亨利三世心情愉悦,于是对侍卫喊道,"让他进来,否则就有人要说我自从与胡格诺派和解以来,连修道士也不接见了"。修道士一进门就要求其他人出去,留国王和自己独处一室,因为他手里有一封信要请国王过目,还有一个秘密要告诉他。国王答应了他的要求。于是修道士向国王呈上了一封来自上级的信件。看完信的国王一怒之下将玉玺打碎在地,就在此时,修道士将早已藏在袖口里的匕首拔出刺向国王。匕首深深地插进国王的腹中,

国王一边努力将匕首拔出，一边向门外的侍卫呼救："啊！这个歹毒的修道士！他要杀了我！"

面前的兄弟

起初大家都希望国王伤势轻微。然而，很快他们又不得不接受现实：匕首刺穿了国王的肠子。在当时那个年代，几乎没有任何医疗手段能够阻止伤口感染。一名饱受惊吓的差使成功地将国王被行刺的消息告知了亨利·德·纳瓦尔。亨利快马加鞭火速赶往圣克鲁城堡。国王亨利三世十分痛苦。他将亨利抱在自己的怀里对他说道："我的兄弟，您看到我们的敌人是如何对待我的了，当心他们对您也下此毒手！我很高兴在死之前有您陪在我身边。"时间慢慢流逝，国王身上的痛苦和发烧愈发严重。亨利三世把王国的朝臣召集到床前，让亨利来到自己的右手边。"我请求，也命令你们在我死之后承认我面前的兄弟作为国家的新国王。我请求你们，因为你们是我的朋友；我命令你们，因为我是你们的国王。我希望你们能当着我的面宣誓效忠于他。"随后亨利三世开始忏悔和祈祷，直至失去意识。

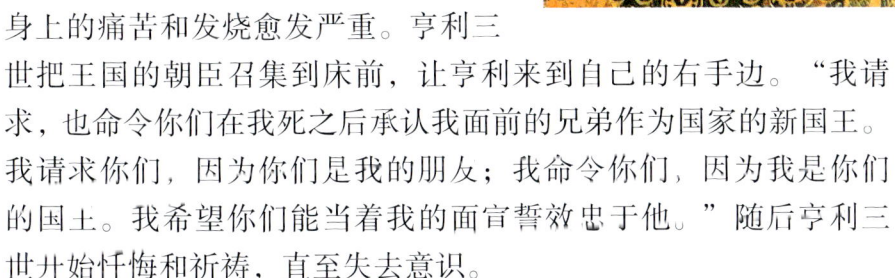

午夜刚过不久，国王便驾崩了，一个王朝落下帷幕。瓦卢瓦家族成员从1328年登上王位，统治时间近三百年。亨利·德·纳瓦尔合法地成为法国的国王。他是法国波旁王朝的开创者，接下来要做的就是去征服他的王国。

权力的交接

弥留之际的亨利三世当着朝臣的面将法国交给了自己的堂弟。这些臣子分别是：埃佩农、德欧、拉尔尚、克莱蒙、黎世留和舍梅罗。不久后，这些人就要效忠一位新教徒国王——法兰西亨利四世。（16世纪壁毯，现藏于埃库昂城堡）

亨利四世 / Henri IV

征服王国的国王

　　宫中臣子和奴仆们围在国王亨利三世遗体旁，哭声四起，眼神迷离，惊慌失措，法兰西的新一任国王——亨利·德·纳瓦尔看清了自己如今的优势和劣势。他的优势在于他是法兰西名正言顺、依法继承的国王。他清楚有很多人梦想着摘下他头顶的王冠，比如通过废除《萨利克法典》。这样一来，他之前的所有国王都会成为假国王，他们所有的决策都是无稽之谈，所有的贵族身份也都是虚假的。王权只有在其规则神圣不可侵犯之时才能顺利延续下去，无一例外。久而久之，所有人都只得归顺于他。当面对即将恢复元气的天主教联盟，他的劣势在于，对于大多数天主教教徒而言，很难想象一个胡格诺教徒竟然统治着有"天主教会长女"之称的法国。亨利三世死之前曾公开告诉亨利："正是因为我想为您保留继承王位的权利我才沦落至此。不过我并不后悔。法律规定您继承我的王位统治法兰西，但如果您不决心改变宗教信仰，您将会面临众多的考验……"

　　对亨利而言，自己即将迈出最后一步。要想进入巴黎，打败天主教联盟，首先要动用武力战胜他们。接着要让他们丧失民众的支持，为此，就必须解决宗教问题。尽管亨利接下来还将会犹豫很长一段时间，但此时的他已经被亨利三世弥留之际的一番话深深地打动和影响。几天之后，亨利发布公告：作为国王，他发誓将"原封不动地保留和保护天主教"。这时他还不能说自己同意重新去参加弥撒，因为他知道这样一来他就有可能失去法国新教徒的支持，而他正需要借助他们的力量与天主教联盟作战，否则他就无法战胜那些指责他虚伪的敌人。随后，他要求召开主教会议并让他们指引他的言行，他也将服从主教们的安排。当然，这场会议并不会举行，但此举却是一种敞开大门向外界表明自我的方式——正如亨利四世所言："人们会弄错自己的信仰，但弄错信仰并非他们自己的过错。"

骑在白马上的亨利

从今往后，亨利便是法国国王了。他希望和他的臣民们和解。他作出的第一大决定就是迈向天主教。（现藏于波城古堡）

诺曼底

1589年8月，此时尚未到亨利解决宗教问题的时候。他首先要发动与天主教联盟的战争。天主教军队由马耶纳公爵指挥，他是一名英武的将领，体型宽胖，在接下来的数年里，他还会不停地发胖——以至于胖到需要十几名士兵扶他上马，同时还需要人拦住这匹不幸的马儿，以防其逃跑。亨利的军队遭到了重创，很

亨利四世 / Henri I

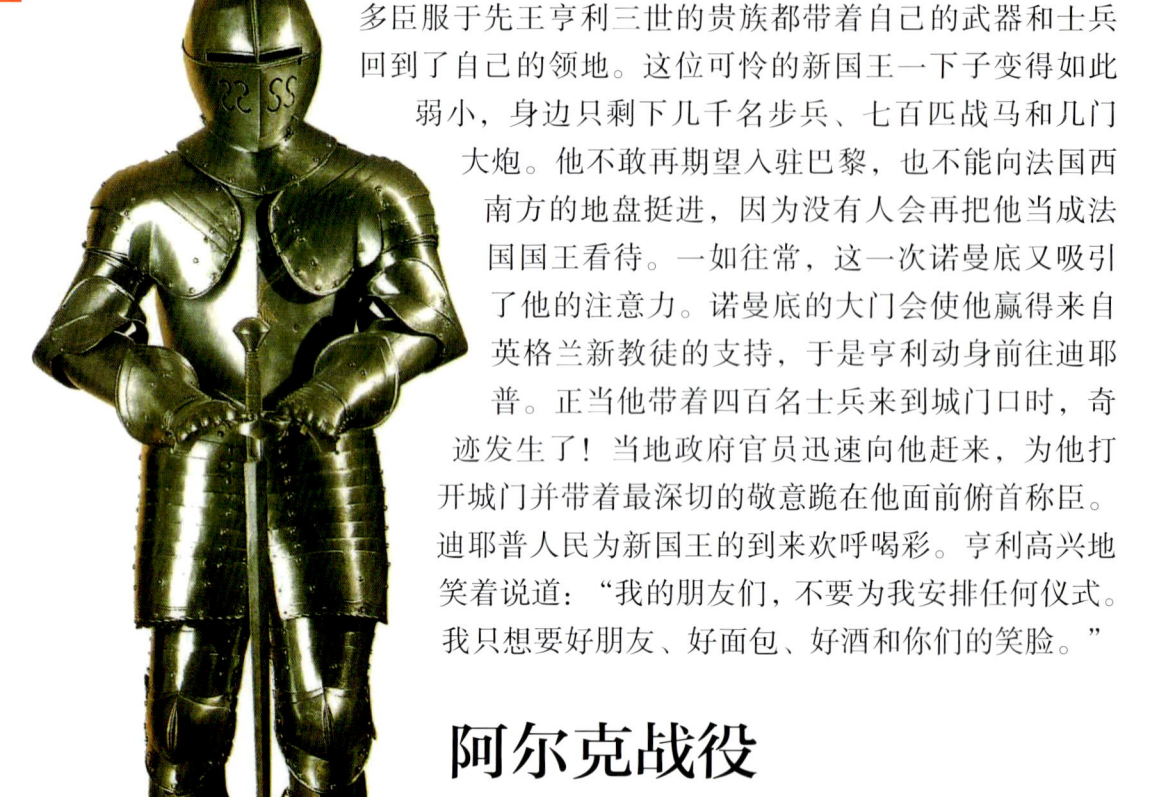

多臣服于先王亨利三世的贵族都带着自己的武器和士兵回到了自己的领地。这位可怜的新国王一下子变得如此弱小，身边只剩下几千名步兵、七百匹战马和几门大炮。他不敢再期望入驻巴黎，也不能向法国西南方的地盘挺进，因为没有人会再把他当成法国国王看待。一如往常，这一次诺曼底又吸引了他的注意力。诺曼底的大门会使他赢得来自英格兰新教徒的支持，于是亨利动身前往迪耶普。正当他带着四百名士兵来到城门口时，奇迹发生了！当地政府官员迅速向他赶来，为他打开城门并带着最深切的敬意跪在他面前俯首称臣。迪耶普人民为新国王的到来欢呼喝彩。亨利高兴地笑着说道："我的朋友们，不要为我安排任何仪式。我只想要好朋友、好面包、好酒和你们的笑脸。"

阿尔克战役

亨利知道马耶纳正率领一支两万多名士兵的军队追杀他，敌军不仅数量上是自己的五倍，而且装备精良！然而此时的亨利已经是身经百战的统帅。尽管马耶纳在士兵数量上占优势，但亨利决定利用地形优势来击垮对方。自库特拉战役以来，每逢战事，亨利都会寻找地势高耸且可以俯瞰整个战场的阵地。在迪耶普城门口，站在高处的亨利发现了阿尔克城堡，从城堡上可以俯瞰横穿城市的河流左岸。亨利想把这里变成这场战役的中心。河流右岸位于一片茂密的森林下，亨利在这里部署了军队。河谷尽头的沼泽地是天主教联盟军队唯一的逃跑路线。亨利军队的阵地地理位置十分优越。两军之间的厮杀持续了数日。决战之日于1589年9月21日到来。然而，对亨利而言不幸的是，一场浓雾阻碍了本能一举击垮敌方的大炮。敌军的阴谋

亨利四世的盔甲
这件盔甲如今被珍藏在威尼斯总督府兵器大厅。

诡计险些要了他的性命。一群法国雇佣的德国步兵（当时被称为"Lansquenets"）假装战败投降并高呼"国王万岁"。亨利的士兵把手伸向这些雇佣兵帮助他们爬进防御工事。可谁曾想，就在此时，这些人突然抱成一团开始屠杀前来救助他们的士兵。亨利也险些被剑刺进喉咙。浓雾渐渐升起，一切似乎都消失了。终于，大炮可以正常发射。一个连的火枪手匆忙从迪耶普城中赶来向骑兵开枪。为了躲避炮弹，天主教联盟军队只有一条出路——沼泽地。最终，敌军的战马纷纷淹死在沼泽地里。亨利取得了阿尔克战役的胜利。不过这仅是一场战役，大的战役还未到来。

阿尔克战役的中心

亨利又一次将军队部署在理想的地形位置。他精确的战略和英勇非凡的个人决策使他弥补了自己在士兵数量上的劣势。（17世纪初期绘画作品，现藏于凡尔赛宫和特里亚农宫）

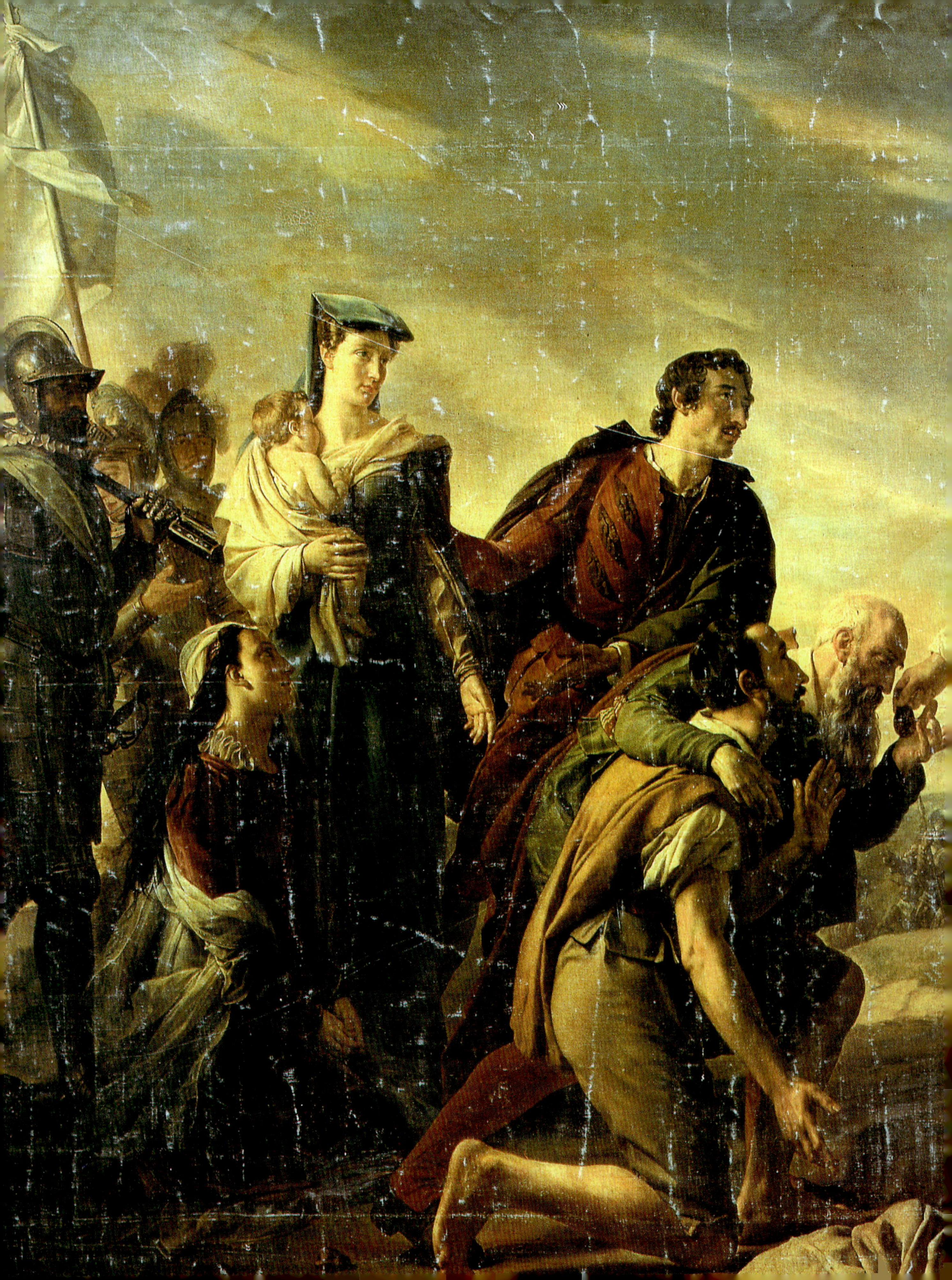

包围巴黎

亨利四世 / Henri IV

（前两页配图）
包围巴黎
作为伟大的封建领主，亨利给巴黎城内的市民发放了一笔钱，这笔钱足以为那些因包围遭受饥饿的百姓购买面包。（19世纪绘画作品，现藏于凡尔赛宫和特里亚农宫）

亨利的翎羽
白色翎羽首先是识别国王的标志。很快，它又成为英勇统帅凝聚手下众将士的标志。（让·查理·塔尔迪厄创作于18世纪末，现藏于波城古堡）

1589年秋冬，马耶纳重新组建军队，亨利也利用英国和法国的援助壮大了实力，两支军队都向巴黎进军。亨利成功攻下首都附近的郊区。然而，马耶纳却派遣一支援军抢在亨利之前进入了巴黎，巴黎又一次将亨利拒之门外。

于是亨利再次向诺曼底挺进，此时的天主教联盟与西班牙大军也顺利会师。双方决定立即开战。王室部队的气氛十分异常：像在库特拉一样，部队开始用自己的方式祷告，信奉天主教的士兵在做弥撒，信奉新教的士兵在唱圣歌。国王头戴一顶稀有头盔，上面饰有一束飘动的白色羽毛所做的翎羽。他知道是自己作为领袖的英勇刚毅赋予了他核心的威望。1590年3月14日，在伊夫里，亨利的骑兵排成战斗方阵围绕在军旗四周，军旗在当时被用作战时的集结点，称为"燕尾旗"。正是在这里，亨利当着众将士的面，喊出了那句著名的话："如果你们的燕尾旗丢了，就跟随我的白色翎羽吧！你们将在通往荣誉和胜利的道路上永远能看见它！"

伊夫里和白色翎羽

天主教联盟在首次进攻中占据上风，因为马耶纳军队的步兵与骑兵数量是亨利的两倍之多。敌军的猛烈进攻迫使亨利的部队向后撤退。国王手下的上尉们开始变得悲观起来："这场战役要输了！"国王身边有一个中尉名叫马克西米利安，后来人们称呼他"苏利"，他的城堡在距离伊夫里不远处。马克西米利安是国王最信任的尉官之一，他将在亨利的未来发挥最重要的作用。他在这场战役里表现得异常英勇，不到几分钟，就接连五次受伤：手被剑刺伤，胯部被枪打伤，大腿部位也中了一枪，小腿肚被长矛刺伤，头部被剑砍伤，最后昏倒在一棵梨树下。

亨利看到自己的军队在退缩，于是冲到第一排。他的骑兵防线已被突

包围巴黎

破。他对着后退的近卫骑兵高呼:"回来,如果你们不想杀敌,那我就死在你们面前!"这一声呐喊是如此响亮,骑兵们纷纷恢复镇定。亨利冲在士兵前面,率先杀进了天主教联盟骑兵阵营中。他身边的旗手被枪击中,子弹打在他两眼中间,他只剩下那束白色的翎羽!亨利坐在马鞍上,头部紧贴着战马的鬃毛,发疯似的用剑劈刺。尽管身边只剩下十五到二十名骑兵,但他丝毫不惧怕危险,冲向敌军的骑兵,只身一人杀死了七名敌人。马耶纳看着亨利像一股龙卷风似的从自己身边掠过,却无力将其拦下。

仅仅几分钟,天主教联盟的骑兵就溃败了,他们的阵营被一分为二。亨利独自取得了这场战役的胜利。吃了败仗的马耶纳十分羞愧,第二天,他给资助这场战争的西班牙国王写信说道:"敌人的进攻让我方骑兵大为所惊,大部分士兵吓得当场溃逃。我身边只留下一百多匹战马,几乎没有一人战死、受伤或被俘。"

伊夫里战役

事实又一次证明亨利·德·纳瓦尔采取的战术非常正确。尽管敌军在数量上是亨利的两倍,但他们仍未能逃脱他设下的埋伏。(17世纪初法兰西学派绘画作品,现藏于凡尔赛宫和特里亚农宫)

亨利四世 / Henri IV

永远的朋友

马克西米利安当晚才恢复意识。在他身边是一片空荡荡的战场。由于身上多处重伤，疲惫不堪，他一直以为这场战役输了。就在此时，他看见几名天主教联盟的军官向他走来，从他们手中拿着绣有黑色洛林十字的白色旗帜和他们的战马便可以认出来，这旗帜就是为纪念被刺杀的吉斯公爵所制。

"我是国王的奴仆——马克西米利安·德·罗斯尼"，苏利喊道。

"我们知道您的名字，先生，您是否接受我们向您投降呢？"

"你们要投降？你们不是打了胜仗吗？"

"先生，您还对此一无所知呢？我们战败了，无法逃跑，我们的战马几乎全死了。"

奄奄一息的苏利没有完全经历这场战役，就这样俘获了一群战俘。第三天，尽管苏利身体虚弱，需要别人将他抬上担架，但他还是回到了自己的城堡。苏利突然发现自己被一群骑马的人和猎狗包围起来。有人在打猎！原来是国王亨利和他的随从们在围猎，他们希望通过狩猎忘记作战的疲劳，除此之外，他们想不到更好的消遣方式了。"正直的士兵和骁勇的骑士"，亨利喊道，"我一直十分欣赏您的勇气。我要拥抱您。我赐予您的拥抱不是授予圣·米歇尔勋章或圣灵勋章时给予的拥抱（圣·米歇尔勋章和圣灵勋章是波旁王朝设立的两枚著名的荣誉勋章，就像如今的法国荣誉军团一样，在进行授勋时，颁奖人会给授勋人一个拥抱），而是发自我内心的拥抱。如果没有您的支持，我永远不会有这样的好运，也不会如此伟大"。亨利此番言论实际上是一个承诺，它将会以超乎人们想象的方式被兑现。

亨利与苏利相遇

马克西米利安·德·罗斯尼，即未来的苏利公爵，在战斗中受伤昏迷了一段时间，之后他被救醒。获胜之后正以狩猎消遣放松的亨利前来相迎并鼓舞他。（陶奈绘画作品，现藏于南特美术馆）

包围巴黎

最后的包围

阿尔克战役和伊夫里战役的胜利让亨利备受鼓舞,他很清楚接下来的目标就是征服天主教联盟手中的巴黎。亨利重新披上战甲,准备正式包围巴黎。(17世纪初期法兰西学派绘画作品,现藏于波城古堡)

包围巴黎

天主教联盟军队虽然吃了败仗,但巴黎仍未被攻克。巴黎的防御工事和城防坚固无比,想成功攻城似乎不大可能。于是,亨利决定将巴黎包围起来。既然城市不投降,那就干脆切断城内居民的补给。

整整三个月,巴黎遭受了严重的饥荒。首都一片凋敝:为城市供给面粉的面粉厂被烧毁,塞纳河河水被拦截,桥梁被河水冲断。巴黎城内,人们吃马匹、骡子和狗来维持生命。出于同情和怜悯,亨利将几千名妇女和儿童放出城外。这一带有人道主义色彩的举措在当时那个年代十分罕见,为此英格兰女王对他大发雷霆。然而,亨利是国王,巴黎是他的首都。通过接见密使,亨利感觉到巴黎很快就要投降了。然而天有不测风云,8月31日,发生了一件让人惊讶的事情!一支军队向巴黎赶来了!原来,在西班牙的资助下,马耶纳又一次重组了军队。塞纳河重新流淌了。包围巴黎失败了。一切又要重新开始了!

包围计划的失败给亨利带来数周的失望和沮丧。他似乎陷入了困境。时间越往后推移,越能看出阿尔克和伊夫里两次战役的胜利并未解决他的麻烦,而亨利的贫困愈加严重,相反天主教联盟却拥有巨大的财富。亨利给苏利写信说道:"我想告诉您我现在的处境。我身边几乎没有一匹战马可以随我作战,没有一件完整的盔甲可以穿在身上。我的衬衫都被撕破,上衣胳膊肘被磨破,行军锅经常被打翻,两天以来,我都是在别人那里借用晚餐和宵夜。伙夫们跟我说他们没有东西可以做给我吃了,因为他们已经六个多月没有领到军饷了。"

尽管亨利的处境很窘迫,但他将在不久之后重振旗鼓。让他感到宽慰的不是战争,这一次,又是爱情。在这么多年的征战岁月里,国王依然不断赢得女子的芳心,而他的玛戈王后却一直被关在奥弗涅的城堡里。1585年,玛戈逃到这里避难,她将在这里度过十八年!就是在1590年11月,亨利将疯狂地爱上一个将成为他一生挚爱的女人。

战争与爱情

亨利的声誉流传了数个世纪。甚至在19世纪广为流传的民间画上也能看到他的身影。这种画也被称为"埃皮纳勒图画"。

嘉布莉埃尔

亨利与嘉布莉埃尔相遇的时候,她只有十七岁。数周以来,亨利不断听到身边同伴——先王亨利三世的亲信——伟大的王室马厩总管罗歇·德·贝勒加德(王宫里的人简化了贝勒加德的头衔,称呼他"大总管先生")谈起她。贝勒加德也来自法国西南部地区,他的翩翩风度、温文尔雅和赫赫战功使他俘获无数女子的芳心。他臣服于亨利四世并懂得用自己响亮的口音和天生的活泼性格取悦国王。在两次战役休整期间,国王和贝勒加德一起讨论王宫里

包围巴黎

的年轻女子、她们的美貌以及自己的艳遇。贝勒加德原来已心有所属。从他激昂的言论中可以听出，任何女子也无法与嘉布莉埃尔媲美。嘉布莉埃尔·德·埃斯特蕾！国王知道这个家族。这个年轻女子也是波旁家族的人，甚至还是他的远房表亲。此时亨利的内心有些失落。贝勒加德的言辞让他颇为疑惑，大总管先生口中的这位女子是否真的如他所说那样美若天仙呢？于是当贝勒加德像士兵请求上级指示一样来请求国王批准他去讨好嘉布莉埃尔时，他竟惊讶地听到国王回答他："好啊，我和你一起去。"

虽然只有十七岁，嘉布莉埃尔对男女之事并不陌生。她早已有过一位情人，只不过当大总管先生出现在她生命里时，她就跟那位情人断了交往。但从她的外表上却丝毫看不出她的风流韵事。她低着眼睛，有些紧张慌乱抑或是故意为之。高高扎起的秀发、清澈的蓝色眼眸、略微丰满的嘴唇、高挺的鼻梁、"比最美丽、最光滑的象牙还要洁白的喉部和雪白美丽的胸部"，嘉布莉埃尔的魅力直击感性的国王内心。顷刻间，亨利就沦陷了。但嘉布莉埃尔，并没有丝毫反应。她正痴迷于迷人优雅的贝勒加德，这个个头矮小的男人身穿士兵服，留着一撮胡子，头发花白了一半，尽管已经三十七岁，还在身上喷洒香水，可闻起来并不香。国王看不出贝勒加德有什么能让人产生好感的地方。

亨利坠入爱河

看到这幅16世纪由枫丹白露学派创作的绘画，我们很快就能明白贪恋女色的亨利在这位绝世美女面前是何感觉了。（现藏于卢浮宫博物馆）

国王坠入爱河

贝勒加德刚刚回到军营，就得知国王召他面圣。国王命令他与嘉布莉埃尔断绝来往并且今后将其视为国王的情妇。贝勒加德表面答应国王并发誓服从王命，内心却暗下决心继续与迷人的嘉布莉埃尔幽会。

亨利认为已经和贝勒加德谈妥了此事，是时候表明自己心意了，于是就召见了嘉布莉埃尔。令亨利错愕的是，她竟然当面嘲笑国王并转身打道回府，而此时的亨利已经疯狂地迷恋上她。从军营至埃斯特蕾家族居住的科夫尔城堡路途上不太安全，国王决定跟着她。他把自己装扮成耕地农夫，穿着农民的木屐，背着草袋来到城堡里。亨利本来期待嘉布莉埃尔看到国王陛下为了她冒着如此大的风险会高兴或者感动得热泪盈眶，可不曾想她却大发雷霆。"您长得如此丑陋，我简直无法直视"，嘉布莉埃尔对亨利呵斥道，随后扭头就走。

国王一脸震惊。就在这时，野心勃勃却装扮朴素的嘉布莉埃尔的家人出现了。家人们早已习惯这些乔装打扮的伎俩。嘉布莉埃尔的姐姐匆忙来到国王面前向他解释道，"妹妹之所以如此，是因为她为人正直并且惧怕父亲严威，但请国王陛下相信妹妹知道已经闯了大祸"。当然，姐姐此番言论纯属瞎编乱造。但此时的国王已经坠入情网，他愿意相信姐姐口中所说的话。亨利和埃斯特蕾一家约好让父亲和两位女儿来贡比涅面见他。

如果国王知道真相那将会是怎样的后果！嘉布莉埃尔的父亲、姑姑、姐姐乃至整个家族的人纷纷前来游说她接受国王的宠爱。嘉布莉埃尔最终顺从了家人，整个家族也因此开始接授国王的赏赐、金钱和职位。在嘉布莉埃尔和亨利四世相处的整个过程中，这种戏弄将一直延续下去，嘉布莉埃尔和她的家人不停地获得国王的赏赐，而且越与此事相关的人，得到的赏赐越加贵重。然而，国王的爱情故事并不总是美丽的……

棋行险招

三年过去了。局势还是没有发生实质性的改变。亨利再次从诺曼底出发，来到巴黎城前。但此时他的敌人已经恢复元气。天主教联盟即将任命一位由选举产生的人民公认的国王。亨利的拥护者们很担心，他们开始厌倦。其中一名亲信明确对他说："陛下，不能再犹豫不决了！否则一周之后，您将眼睁睁看着一位民选的法国国王登上王位，除此之外，您还将面对天主教巨头、罗马帝国皇帝、西班牙国王、萨瓦公爵等之前所有的敌人。难道您想仅仅凭借可怜的胡格诺教徒就与这些人抗衡吗？"

亨利已经犹豫了很多年，这并不完全是出于宗教原因。他的父亲曾经是新教徒，后来改宗天主教，母亲原本信奉天主教，后来改信新教；而亨利本人在一生之中也曾五次自愿或者被迫改宗，就像很多法国人一样，在天主教和新教之间徘徊。长期以来，他选择了自己信仰中最核心的东西，他认为两个教派的虔诚信徒死后都能升入天堂，其余的就是神学家的事了！多年来，亨利一直说有人向他证明他错了，神学家们也认为如此，因而他选择听从神学家。

亨利很清楚自己回归天主教的好处：王位会落到他手中，国家也会摆脱内战。但同时他也知道这样做的风险：如果新教徒离

包围巴黎

联合两大宗教

亨利决定依靠宗教（此处暗示他将皈依天主教）为法国（左侧的年轻女子代表法国）带来和平。这幅作品创作于16世纪末期，画中的修女手里拿着一本象征新教的《圣经》，而象征天主教的圣杯和耶稣十字架很有可能是后来添加上去的。（现藏于波城古堡）

亨利四世 / Henri IV

开他，那么他就会失去新教的一切支持；如果被天主教联盟蛊惑的天主教教徒不接受他，那么他在天主教这里也将一无所获。然而就在1593年底，他感觉形势已经容不得他再犹豫不决。

四个世纪以来，历史上一直流传着亨利的一句名言："巴黎值得一场弥撒！"亨利四世可能从未说过这句话，但他知道等待他的是什么：如果他改信天主教，那么他将获得王位与和平；如果继续信奉新教，那么等待他的将是战争、失败和成千上万人的牺牲。1593年7月24日，他给嘉布莉埃尔写信说道："明天我将棋行险招！"

改宗易教

因为巴黎一直将他拒之门外，所以亨利决定在古老的圣德尼大教堂举行改宗仪式。圣德尼大教堂距离巴黎非常近，那里供奉着历代法兰西国王。两位主教站在大门处等待亨利。国王穿着绣有金线的白色紧身上衣，身披一件象征忏悔的黑色披风，头上顶着一束黑色的翎羽，跪在两位主教面前诵读改宗仪式的誓词："我对着万能的上帝起誓，无论生死都忠于天主教会、使徒教会和罗马教会，保护它、捍卫它，哪怕付出自己的鲜血和生命。我愿放弃所有与天主教相悖的异端教义。"

随后教堂里响起了重要节日里的歌曲——《感恩赞》，接着亨利被主教们搀扶起来一同走进教堂聆听弥撒。仅仅几个小时，一切都发生了变化：亨利面前的最后一个障碍正在消失。巴黎市民从首都的各个地方向圣德尼大教堂赶来，他们想看一看这位刚刚向王位迈出重要一步的国王。当晚，人们燃起了象征欢乐的篝火。妇女们纷纷赶来围观亨利。她们并不认识他，于是便把亨利和吉斯公爵的小儿子当成一类人。后者性格十分腼腆，笨手笨脚不会讨女人欢心，还非常惧怕打仗。天主教联盟曾打算立他为法国国王。当她们看见面带笑容的亨利正在娴熟地打旧式网球时，她们满脸诧异：

> 改宗易教是一个庄严的宗教仪式，通过该仪式，当事人公开弃绝原宗教，改信另一宗教。1593年，亨利·德·纳瓦尔公开与新教决裂，改信天主教。值得一提的是，在此之前，他已经五次改变宗教信仰：出生就信奉新教的他八岁那年改信天主教，十六岁时重新皈依新教，十九岁那年改宗天主教，二十三岁再次回归新教，如今四十岁的他又与新教决裂成为天主教信徒。

亨利拥抱新信仰

改宗仪式严格遵守规则举行：在圣德尼大教堂门口，亨利跪在布尔日大主教面前向众人宣布自己的新宗教信仰；随后他向大主教递交自己的改宗文书并拥抱圣戒；最后，大主教为他祈福并将他搀扶起来。（尼古拉·博勒里绘画作品，创作于17世纪，现藏于默东艺术与历史博物馆）

"那就是大家纷纷谈论即将成为我们国王的人吗？"

"没错，就是他。"

"他的确比我们巴黎的国王要帅，他的鼻子要大很多！"

大鼻子是爱情的吉兆！……

加冕典礼

在天主教的号召下，西班牙军队一直霸占着巴黎。亨利内心清楚要想让所有人都归顺于他，还要打赢最后一仗。他必须先得到教会的庄严认可，即参加教会为国王举行的加冕典礼。从法兰克国王克洛维一世开始，一千多年以来，历任法国国王在登基之前都要经过这道程序。

然而，事情并非一帆风顺。教皇还没有原谅亨利。举行加冕仪式的兰斯还被天主教联盟占领着,圣油瓶也在他们手中。如果不依照传统,那么国王的加冕会被人们认可吗?幸运的是,亨利身边的智囊团研究发现有一些加冕仪式由于侵略者的入侵也没能在兰斯举行。这种情况下,国王的加冕都是在沙特尔举行。此时恰巧又发生一件事:亨利的军队刚刚取得大捷,从天主教联盟手中收复沙特尔。尽管现在还缺少圣油瓶,但是有相似之物来替代——被虔诚供奉在一所修道院里的圣油。早在兰斯主教圣雷米之前,这个圣油就受到了马丁的祈福,他被所有法国人尊崇,也是第一个给高卢送来福音的圣人。亨利随即作出决定:加冕仪式将在沙特尔举行。

加冕典礼

国王的加冕礼以一场奇怪的仪式开始。一群人前来迎接即将接受加冕的国王。后者躺在一张华丽的床上,闭上眼睛,纹丝不动,这样象征国王已经死去,因为王权是不可中断的。"国王已死!国王万岁!"接着,主教们将国王搀扶起来,领着他在众人的呼声中走进教堂。在漫长的典礼过程中,还需要人给国王一件一件地穿戴所有的君王饰品:首先是两件类似礼拜服的主教长袍,寓意国王是一位教士,接着是饰有鸢尾花的大衣、手套、国王指环、一枚姻亲戒指(因为国王相当于嫁给了他的王国)、一柄象征着权力的帝王权杖、一柄杖端带有手形装饰象征正义的权杖,最后还有一件最贵重的物品——王冠。然后,还要在国王身上涂抹七次兰斯主教圣雷米第一次祝圣的圣油,他曾为法兰克国王克洛维一世洗礼,圣油会赐予国王智慧和力量。接着再由主教领着国王走向王座,王国的大臣们这时也要前来抚摸王冠,表示他们愿意归顺并发誓捍卫它。

当戴上王冠的国王登上王座,主教便用拉丁文高呼三次:"国王永世万岁!"

据说,一经加冕,国王就会获得一种超自然能力。这种超自然能力只能被国王一个人拥有,它可以治愈瘰疬——一种让医生也束手无策的源自肺结核的脓肿疾病。根据传统,会有人将该病症的患者带到法国国王面前,接着由国王将手放在病人身上让他们摆脱这种顽疾。

包围巴黎

盛大的加冕典礼于1594年2月27日举行。沙特尔城和教堂布满了鲜花和帷幔。国王的所有亲信也纷纷赶来见证这一庄严时刻。2月26日，一支壮观的宗教仪式队伍将装着圣油的小瓶送到了沙特尔。亨利每一次转过头看向教堂大殿，底下的民众就高呼"国王万岁！国王万岁！"民众的呼喊声和天空中火枪手的枪声夹杂在一起，欢呼声震耳欲聋。亨利哭了。他已经四十一岁了。这些年来，他经历过如此多的战役，遭遇过如此多的失败。如今，他终于成为自己王国的国王。亨利·德·纳瓦尔终于成为法兰西的亨利四世！

加冕典礼

加冕典礼期间（见旁边作品），国王接过第九件饰品——王冠，这样他就获得权力、正义和主权。和其他国王一样，接受完加冕，亨利用手触摸瘰疬病（一种肺结核脓肿疾病）患者，因为国王拥有治愈这种疾病的能力。

亨利四世 / Henri IV

进入巴黎

国王即将进入巴黎！所有人都知道或者已经料想到这样的结局。当然，天主教联盟还拥有很多的支持者，他们把自己武装起来，策划阴谋诡计。但是面对一位已经接受加冕的国王，他们手中又有何资本与其抗衡呢？于是，那些最狡诈的人派来信使告诉国王："既然要他们投降，那就以投降换取权力或者金钱。"时任巴黎总督布里萨克派人对国王说他已经准备好上交城市的钥匙，但条件是国王愿意任命他为法兰西元帅并赐给他三百万法磅！尽管这笔钱数额巨大，亨利四世并没有犹豫，因为他最终将成为巴黎的主人。

1594年3月22日早晨，尽管天刚破晓，但已经预示着这可能

亨利——法国的国王，巴黎的国王

亨利四世进入巴黎象征着国王与其王国子民的和解。这一幕发生在一片欢呼雀跃的氛围之中。巴黎人民纷纷涌上街头迎接他们的国王。（现藏于凡尔赛宫）

包围巴黎

会是这个春天最美丽的一天了。巴黎总督和他的侍卫裹着黑色大衣站在圣奥诺雷大门前等候。大街上回响着国王仪仗队的马蹄声。总督跪在国王面前并将城市的钥匙交给他。亨利随后将总督搀扶起来并将自己的白色披巾系在总督的脖子上。国王当场兑现了他的承诺:"请起身,大元帅先生。"

不过,国王能否进入巴黎首先要取决于巴黎市民。只有他们能够告诉大家他们是否已经原谅国王包围巴黎引发的恐慌和严重的饥荒;只有他们有权决定接受国王或者拒绝服从他的权威;只有他们才能决定真正的法国国王。

整座城市从清晨醒来便知晓一个具有历史意义的事件正在酝酿之中。战争已经让巴黎的人们产生了厌倦情绪,他们知道国王也想带来和平。这是一个胜利凯旋的上午。巴黎的郊区和大街小巷随处可以听见有人呼喊:"国王来了!"当巴黎圣母院的钟声开始敲响,当所有教堂的钟声与之回应,巴黎人民纷纷涌上街头组成国王的仪仗队。当然,民众的目的地是巴黎圣母院,他们要去那里为国王奏唱《感恩赞》。巴黎城内发行了一种画着亨利的宣传册——今天我们称之为传单,上面承诺为所有人带来安全与和平,让人们忘却动荡,让罪恶得到宽恕。一下子,民心纷纷转向这位他们曾经厌恶的国王身上。

国王接下来要做的就是将长期占领巴黎的西班牙人从首都赶出去。亨利差人给西班牙军队的首领送去消息:国王给他三个小时让所有西班牙军队在下午撤出巴黎。如果首领服从国王命令,他将得到体面的对待——国王将亲自为他们送行。在圣德尼大门上方有一个守卫室,亨利在那里站了两个小时,为撤出巴黎的西班牙军队送行,行军队伍后面紧跟着用马和骡子驮着的行李、妇女和儿童。士兵们手里拖着长矛,尖头一端朝着地面。当军队首领费里亚公爵经过圣德尼大门下时,他手里拿着帽子,挥舞胳膊向国王致意,国王也在这胜利时刻向他示意。西班牙人不战便从巴黎撤出。在法国,人们重新相信和平。

天主教联盟的盟友撤出巴黎
当时的一位画家狡黠地描绘了胳膊肘支撑在圣德尼大门窗户上的亨利正高兴地看着西班牙人离开的场景。

103

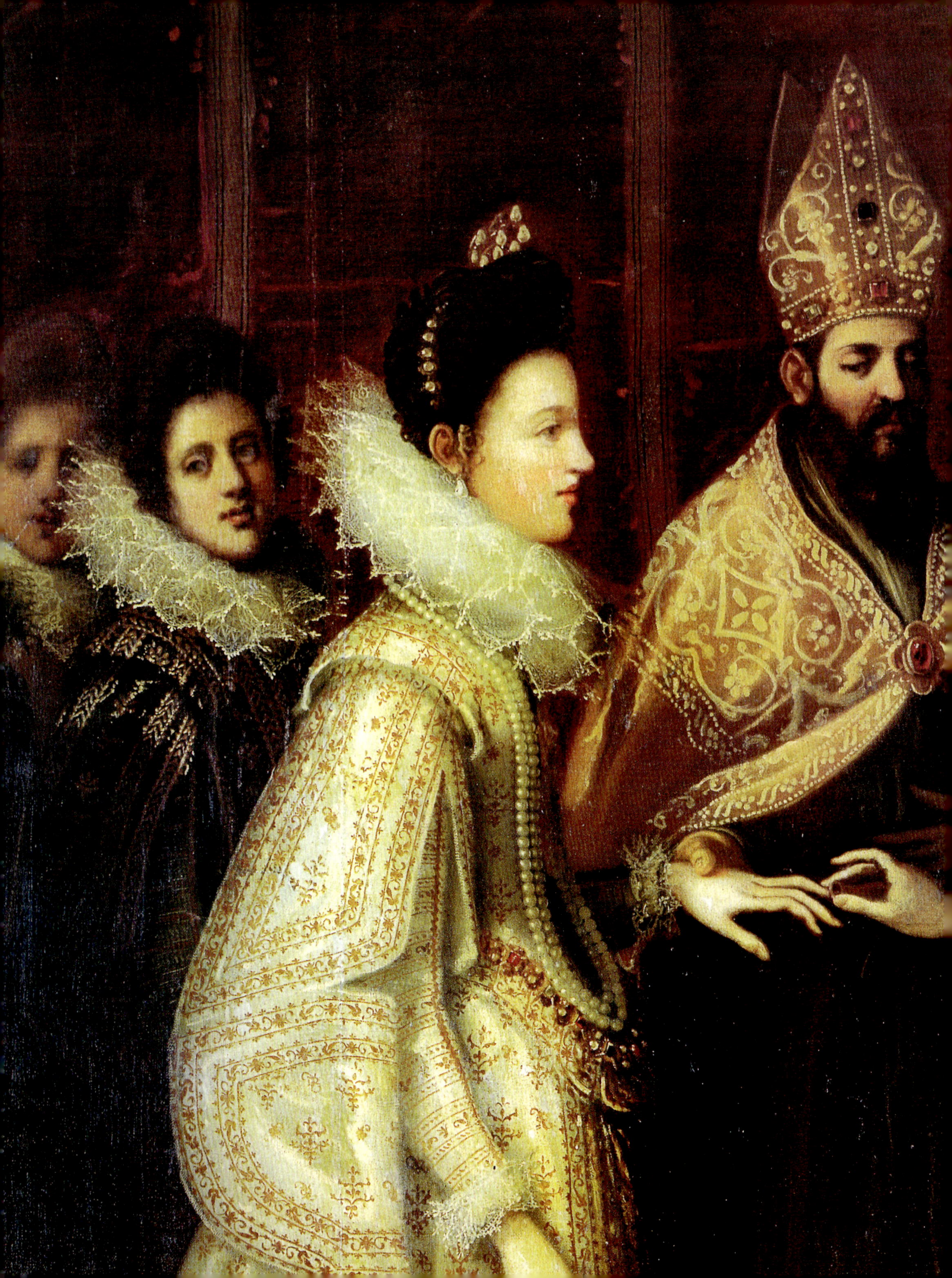

心灵的和平

亨利四世 / Henri IV

（前两页配图）
佛罗伦萨的婚姻承诺
被萨沃伊战争缠身的亨利要求托斯卡纳·斐迪南大公同意他与玛丽·德·美第奇的婚姻。婚礼仪式于10月5号在佛罗伦萨举行，由教皇的侄子枢机主教阿尔多布兰迪尼主持。（奇门蒂绘画作品，现藏于佛罗伦萨彼得拉亚别墅）

国王的形象
亨利四世是最先明白要让自己强大的形象传播至王国各个角落的人之一。这种歌颂国王的肖像图被版刻并大量生产，再由流动小商贩将成品推销至法国各处，直至最偏远的小村庄。

然而，西班牙军队撤出巴黎还不能说明法国全境迎来了和平，因为宗教战争仍深深扎根在人们心中，天主教联盟势力依旧很强大，西班牙人仍幻想占领法国。

停战求和

战争、天主教联盟和西班牙是亨利的心头大患。亨利必须在其执政初期扫除这三大威胁。亨利明白要逼迫西班牙国王腓力二世停止多年来用金钱和武力插手法国内政的行径，并且永绝后患，就要一次性挫败西班牙。1595年1月，在胜利的鼓舞之下，亨利向西班牙宣战。这是法国和西班牙多年来首次正式开战。1.2万名士兵组成的西班牙军队攀越阿尔卑斯山，浩浩荡荡地从法国东部向弗朗什-孔泰挺进。亨利的大胆做法再一次扭转局势。他亲自率领一支由两百名骑兵和一百名火枪手组成的小队在丰坦弗朗赛斯袭击了西班牙先头部队。西班牙军队统帅德·卡斯蒂耶为法军的大胆感到震惊，他认为法军一定部署了援军埋伏在周围伺机实施偷袭。为了避免伤亡惨重，他率领军队主动撤退。法军的不战而胜成为这场战争中令人称异的传奇。

解放北部城市

然而，在外省某些地区，战情却复杂得多。在法国北部，西班牙军队先后占领了康布雷和加莱。最后，又利用诡计将士兵伪装成卖核桃的农民，成功攻下被包围数月的亚眠。当苏利给亨利送来亚眠失守的消息时，他龙颜大怒，因为亚眠的行政官员此前拒绝了他的援助并声称依靠自己就可以轻松守城。亨利很想与敌人斗争到底，就像自己二十五岁时一样满腔热血，敢打敢拼。"我已经当够了法国国王，现在是时候当一回纳瓦尔国王了！"

心灵的和平

战前的准备工作耗费了数周。亨利病倒了。直到9月初他才出发去包围亚眠。亨利只用了短短几天就打败了西班牙国王腓力二世派往亚眠的援军。士气低落的西班牙军队于9月25日投降。亨利成功地进入被解放的亚眠。腓力二世被迫将康布雷之外被西班牙占领的法国北部城市全部交还给法国。和平协议由法西两国于次年五月签署。强大的西班牙帝国气数已尽，国王腓力二世眼睁睁地看着自己毕生的梦想破灭，不久之后便离开人世。

西班牙人的倒台让天主教联盟既没了靠山也断了财源。联盟高层官员相继看着他们的希望化为泡影。可是他们是否还要让精疲力竭的法国遭受战争之苦呢？亨利无论如何也不愿看到战火重燃。为了避免更多的法国人在铁蹄之下丧生，他选择与联盟和解并收买联盟的高官。为了获得最终的和平，他付出了巨大的金钱代价。在他看来，只要能拯救天下苍生，花再多的钱都是值得的。这场巨额交易耗时数月才得以完成。亨利许下的承诺远远超出了国家的财力所能承担的范围。不过许诺的数额虽多，实际给的却很少。联盟成员有利可图又体面，双方因此达成和解。宗教战争之火延续三十多年之久，法国四分五裂，至此终于落下帷幕。

加莱附近的阿德尔

这座法国北部城市于1596年5月被西班牙人包围。尽管拥有坚固的防御工事和完善的城防，法国人最终还是被迫将这座被战火焚烧的城市让给西班牙侵略者。前来增援西班牙军队的奥地利大公阿尔伯特成了这座城市的主人。几周后，亨利将再次包围阿德尔，为他的子民收复这座城市。

法国宗教会议

经过改革的宗教会议决定颁布《南特敕令》。在多次激烈争辩之后,最终达成了这一和平协议。

双方会谈

息战之后怎么使和平深入人心,这是最后一步,也是最难得的一步。亨利四世花了四年时间才说服天主教徒和新教徒相互尊重、和平共处。而在当时的欧洲,还没有一个国家允许多种宗教共存。所有的国家都谨遵《君主之信奉即臣民信奉之道》,由于单一宗教体制长期盘踞,在各方面牵扯甚多,变革之难让人无法想象。君权神授,可如果宗教信仰人皆不同,那么君权的根基就会产生动摇。

然而亨利却持有不同的看法。他是法国唯一能用新思维谋划未来的人。在他看来,那些打着新教和天主教旗号互相残杀的人没有认识到两种教义之间的共性超越了特性。他深信无论是做弥撒还是做礼拜,虔诚的信徒们都是平等的。他一直希望两大宗教代表进行一次对话。1596年,在他的敦促之下,天主教和新教的代表共聚一堂探讨如何求同存异。双方会谈期间,仇恨和杀戮都烟消云散。当然,在新教牧师和天主教高级教士之间不免产生愤怒的言辞甚至是过激的行为。虽然双方争锋相对、各不相让,但值得庆幸的是通过对话双方迈出了和解的第一步。

1598年,和解法令

亨利四世不断深入推动变革。为了让臣民们享有宗教信仰自由并且和平相处,立法势在必行。亨利之前的各个君主也试图推动和平法令,但都以失败告终。而亨利的努力却硕果累累。

1598年4月,亨利签署了《南特敕令》,这是法国历史上最重大的事件之一。

短短几年,法国几乎所有的地区都获得了真正的和平,国家也大步迈向复兴,这在几年前是难以想象的。国家的和平与宗教

心灵的和平

南特赦令

这是法国和欧洲历史上第一个由国王颁布的旨在承认宗教信仰自由的法令。规定不得强制臣民信奉国王所信仰的宗教。自此以来，人民拥有了根据家庭需要和精神需求来选择宗教信仰的权利。该赦令规定天主教和新教具有同等的重要性，无论信奉哪一种宗教都可以得到救赎。它还保证新教徒和天主教徒拥有同等的政治权利，皆可担任国家重要官职。这项法令的实施受到了天主教徒的抵制，因为它意味着让天主教徒让出某些重要职位及其可观收入。当然，天主教依然是国家的官方宗教。为了避免冲突甚至战火重燃，法令还规定包括巴黎在内的一些城市不能建造新教教堂。而为了安抚新教徒，该法令批准了新教徒在150多个城市的信仰自由权，并允许他们为保证自身安全建立军事防御力量。

以现在的眼光来看，南特赦令似乎有它保守的一面。但是对于当时而言，它却是一场革命，因为在它颁布之后的很长时间里，仍然有许多人无法接受它对宗教选择的宽容。大约一百年之后的1685年，亨利四世之孙路易十四废除了南特赦令。这一决定对新教徒来说无疑是残酷的，他们不得不走上流亡的道路，这对法国来说也是极其不利的。如此看来，亨利四世要比自己的孙子更开放、更宽容、更现代。

宗教和解的转折点

图为保存在巴黎国家档案局中《南特赦令》手稿的第一页，标题：为了宗教改革，1598年4月。

这项法律条款在当时极具创新性：这是法国历史上第一次站在法律的高度宣布异端教派与天主教拥有相同的公民地位。

亨利四世 / Henri IV

宗教共存

这幅亚眠学派（17世纪初）的画作描绘了两大宗教和平共处的画面。这幅画的背景是亚眠大教堂，每一处细节都极具代表性。中间是圣母玛利亚，怀中抱着襁褓中的耶稣，位于亨利四世和其孩子的正上方。画中还有两位加尔文派的布莱先生（布伊隆人），他们是父子。还有忠诚的天主教徒阿希勒·德·哈雷，以及茹瓦约斯元帅，他在联盟中的功勋使他成为著名的天主教徒。（现藏于亚眠庇卡底博物馆）

间的和解是繁荣昌盛的前提。当然，依然存在为数不多且顽固不化的狂热分子，他们痛恨国王颁布和解条约并与敌人握手言和，企图重燃战火。自从《南特敕令》颁布以来，亨利在位的16年间，发生过多次刺杀阴谋，幸运的是亨利总能化险为夷。直到1610年……

婚姻和感情

国家迎来了和平。但是在通往美好未来的道路上，亨利还缺少什么呢？在当时来说，答案是显而易见的，他需要的是王后和王储。除政治和国家重建以外，建立强大的王室也是他登上王位以后必须要考虑的重大问题。玛戈被关在奥维涅的于松城堡中，因贪吃甜食而身材变形，面对来往于城堡的年轻男子不安于室，成为整个法国的笑柄。时间消磨了亨利对她的怨恨。玛戈在被关押期间收到了很多亨利写给她的信，最终同意取消与亨利的婚约并允许亨利再婚，但前提是要由她决定未来王后的人选。

她认为只有外国公主才能满足条件，尚无国王迎娶自己子民的先例，当然更不能娶"道德败坏"的女人。玛戈言下之意指的就是嘉布莉埃尔·德·埃斯特蕾。众所周知，她一直是国王的情妇。亨利像少年般疯狂地爱着她，对她的宠爱远超过其他情妇。她和亨利

心灵的和平

育有两儿一女,凯撒和亚历山大,女儿名为凯瑟琳·亨丽埃特,亨利公开承认了这三个孩子。然而,亨利要的远不止于此,在位五年来,他觉得自己已经强大到可以命令整个王室甚至教皇同意他所希望的婚姻。他先后晋封嘉布莉埃尔为侯爵夫人和公爵夫人。公爵是法国贵族等级制度中最为显赫的爵位。一天,发生了一件令人震惊的事情,亨利当着所有大臣的面给嘉布莉埃尔戴带上了代表法国国王的指环。这一举动的用意十分明显:如今手握大权的亨利决定要娶嘉布莉埃尔为后。再次成功怀上王子的嘉布莉埃尔终于得偿所愿。

但命运偏偏与亨利作对。1599年春,大臣成功说服国王至少在复活节前的圣周节期间不与嘉布莉埃尔见面。在此期间,天主教徒要为自己的罪行忏悔。圣周三时,嘉布莉埃尔的身体出现了产前的各种不适,次日,传闻说她可能会早产。事实上,这种痛苦的痉挛是一种被称为子痫的疾病,在当时无药可救。短短几

于松城堡的玛戈

今天我们在滨海夏朗德省桑特市郊依然可以看到于松城堡。玛戈在此度过了长达18年的流放生涯。她昔日的美丽早已不复存在,从这幅16世纪祈祷书的插图中只能看到戴罪之身容颜的衰老和凋零。

亨利四世 / Henri IV

浴缸中的嘉布莉埃尔
两个儿子围在嘉布莉埃尔身边，大儿子凯撒，年仅四岁，即后来的旺多姆公爵；出生于1598年的小儿子亚历山大，还很年幼。此外，嘉布莉埃尔还有一个女儿凯瑟琳·亨丽埃特。母亲这一角色不仅未让她显衰老反而魅力倍增。（现藏于尚蒂伊孔代美术博物馆）

个小时之内，她又多次剧烈抽搐。医生进行了手术，却回天无力。孩子夭折了，嘉布莉埃尔也在几个小时后难产而死。王公大臣们没有让亨利见她被病痛折磨得面目全非而死的样子。国王以王后的规制为二十七岁就香消玉殒的嘉布莉埃尔举行了隆重的葬礼。

亨利的婚姻问题仍然悬而未决。教皇最终同意亨利与玛戈解除婚姻关系。大臣们纷纷为新任未婚妻的人选出谋划策。

心灵的和平

昏迷的嘉布莉埃尔

法国最著名的情侣之间的分分合合不断上演。嘉布莉埃尔是国王传奇人生中的重要人物。直到18世纪，他们之间真真假假的爱情故事仍然为艺术家提供灵感。戈布兰所创作的这幅壁毯现藏于波城古堡。

玛丽，托斯卡纳公主

亨利的婚事一拖再拖，而这时似乎出现了转机。曾发誓在嘉布莉埃尔去世后死心的亨利又无可救药地爱上了亨丽埃特·德·恩泰奎斯。这个女人年仅二十岁却极其渴望成为王后。聪明伶俐的她很快就俘获了亨利的心，亨利也承诺若在一年之内她能怀上王子就立她为后。亨利的大臣们为这个附加条件焦虑不已，幸运的是，

亨利四世 / Henri IV

亨丽埃特怀孕了。但在分娩的那个晚上,一道闪电划过了枫丹白露宫。据说是因为受到了惊吓,她生下了一个死婴。亨利因此无需兑现诺言。大臣们也终于可以为国王选定一个他们认为"门当户对"的婚姻对象。

他们为国王选择的是二十七岁的意大利公主玛丽·德·美第奇。这个年纪却依然单身在当时是非常罕见的。这位托斯卡纳公主和凯瑟琳·德·美第奇来自同一个家族。与又黑又瘦的亨丽埃特相比,玛丽皮肤白皙、身材丰满,最重要的是她是意大利人且十分富有。他们的婚礼于12月在里昂举行。玛丽不懂法语,亨利不会说意大利语,但是两人对这场婚事都很满意。几周之后,得知王后怀孕了,亨利倍感惊喜。她能为亨利诞下未来的王储吗?

亨丽埃特·德·恩泰奎斯
嘉布莉埃尔刚去世几天,亨利就爱上了亨丽埃特·德·恩泰奎斯,她比亨利之前所有的情妇都要年轻,但是小小年纪的她却满腹阴谋,最终成功获得国王的宠爱。(现藏于国家图书馆)

法国王储路易降生

亨利将怀孕的妻子抛在一边,奔向了巴黎。虽然他已经结婚了,但是他依然不想放弃亨丽埃特。

心灵的和平

亨利埃特对亨利的婚事很是生气，就像玛丽叫她"婊子"一样，她一生都讽刺玛丽为"银行家"。无论如何，亨利埃特都要重新投入国王的怀抱以羞辱新王后。不久，她也怀孕了。玛丽的愤怒可想而知，怀孕期间自己的丈夫竟然还和情妇会面，而且两人几乎还要同时分娩！

1601年的秋天，玛丽的儿子路易和亨利埃特的儿子亨利·加斯东先后出生了，前后仅相差15天。路易的出生让亨利欣喜若狂。分娩的那个夜晚，他不停地询问助产士孩子的情况。孩子出生的时候，他看到妻子玛丽和助产士似乎交换了一个失望的眼神，所以他以为生下的肯定是个女孩，但是他错了，那是一个男孩。喜出望外的他接过孩子抱在怀里，竟流下了眼泪，这一姿势和他刚出生时祖父抱着他的姿势一模一样，因为这不是一个普通的婴儿，而是法国的王储，王位的继承人。亨利真正的胜利就是怀里抱着的这个孩子。

玛丽·德·美第奇

缔结婚约后，亨利与玛丽于12月9日在里昂会面，这是佛罗伦萨的婚礼仪式举办两个月后两人首次见面。（匿名画家画作，现藏于布洛瓦圣日耳曼博普雷城堡）

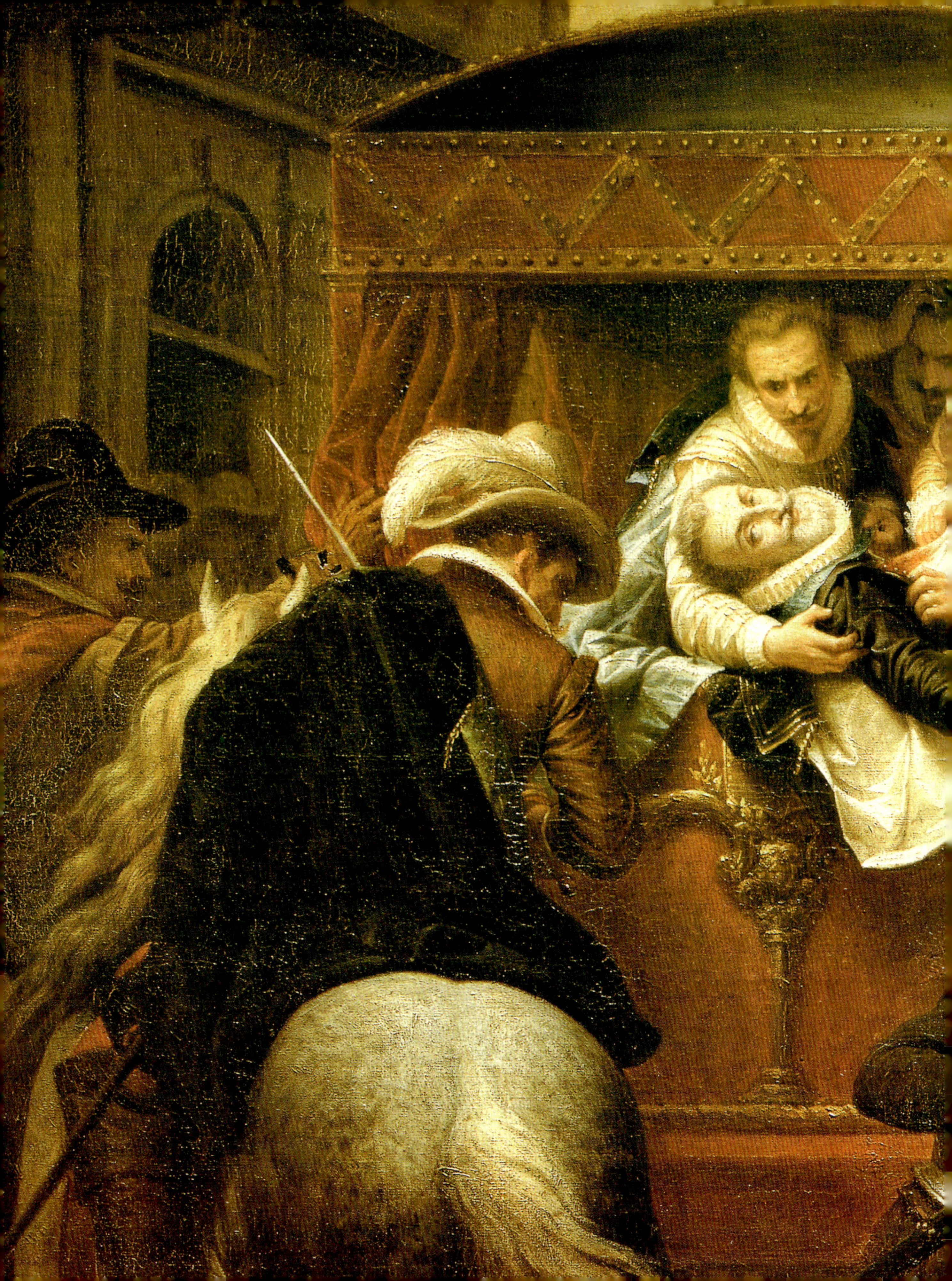

王权兴衰

亨利四世 / Henri IV

众所周知，亨利继位时法国从未如此破败不堪，到处都是残垣破壁。亨利摄政之初面对的不是一个国家，而是一个国家的残骸。

内战造成的人员伤亡不计其数。庄稼被士兵践踏，粮食被掠夺，农民被迫逃离家乡。由于无法缴纳税款和购买下一季的种子，他们只好走上街头乞讨。为了生存，他们成群结队合伙抢劫。几年来，灾祸横行，饥荒肆虐。国家没有税收，千疮百孔。政府财政无法供养军队和保养武器。负责征税的官员因为没有合理的报酬而将税款占为己有。当时的法国是全欧洲最为积弱的国家。亨利后来说道："上帝将王位赐予我时，法国不是满目疮痍，而是几乎走到了灭亡的边缘。"

可是仅仅几年时间，法国就发生了翻天覆地的变化，实现了前所未有的民族复兴。1598年，一位威尼斯大使写道："即使十年之后法国没有完全恢复昔日的辉煌，那也相去不远了。"这样的奇迹是如何实现的呢？答案非常简单，那就是得益于出色的官员与明智的决策。

说到亨利的统治，就不得不说到苏利。历史上恐怕没有一位君王和他的首辅（也就是我们今天所说的总理）如此亲密、如此融洽地共同治理一个国家。

（前两页配图）
谋杀亨利四世
尽管亨利深得民心，但是依然有一些死敌，他很清楚自己受到了威胁，曾经多次躲过袭击。1610年5月14日，在巴黎费罗内雷大街，亨利被一位精神失常人士杀害。在波城古堡中，人们在库斯塔夫·伍泽于19世纪所创作的这幅画中可以看到当时可怕的谋杀场景。

危机四伏的农村
在这个动荡的时期，农民很容易成为被剥削的目标。国家掌握在军队手中，他们烧杀抢掠，四处横行。这种乱局持续了十几年，在这期间全法国人民几乎每天都在痛苦和不安中挣扎。
（吉利斯·莫斯塔特16世纪的画作，个人收藏）

亨利和苏利

在伊夫里战争时期，我们就曾提到过马克西米利安·德·贝蒂讷，那时他还不是苏利公爵。他从小就是亨利的侍从，在他十二岁那年父亲便把他送到纳瓦尔王子亨利身边，那时亨利已经十六岁了。他奇迹般地躲过了圣巴托罗缪之夜大屠杀，然而他的亲人都被杀害了。当时他身穿一件守夜人的长袍，手中拿着一本祈祷书，像极了神学院的学生。他逃到了一所中学里面，被信奉天主教的校长所救，在那里躲了几天几夜。

所有人都以为他死了，他却活着回到了大家的面前。他跟随亨利和一小部分人一起逃到了比利牛斯。从那时起，他就一直跟随亨利作战。他在军事方面的才能突出，擅长修建战壕，处理那些埋藏在城墙根下的地雷。作战期间，他表现出了非凡的战斗勇气和卓越的军事才能。

刀尖上的生活并没有影响苏利拥有两次"美好"的婚姻。这两场婚姻助他成为一个有身份的人。亨利刚即位，就对苏利委以重任。刚开始他并没有打算任命苏利为首相，因为苏利的性格和能力还需要磨炼。作战和治国并不相同，战争时期与和平年代也不能相提并论，在军事上摧毁敌人与创建国家的美好未来更不能混为一谈。但是苏利刚上任就展示出了惊人的治国之才。因为花销无度又没有税收，整个国家已然千疮百孔，动荡不堪。国家的财政支出由财政院的大领主们监督，国王派去的人在他们面前百依百顺，卑躬屈膝。当亨利任命苏利为议院大臣时，人们对此议论纷纷。

亨利四世 / Henri IV

出色的治国之才

在这个讲究门第出身高于一切的年代里，出身并不尊贵的苏利进入议院当职引得哗然一片。在任期间，苏利没有卑躬屈膝，没有阿谀奉承，而是勇敢地面对那些大领主，对他们的管理无方进行猛烈抨击。后来他愤然辞去议院的职务，向国王说道，若任由这些无能之辈当权，国家则复兴无望。

亨利最终用税收这一难题考验苏利的治国之才。苏利仅用两个月的时间，就成功完成了任务。他将矛头指向那些私吞税款、

为亨利四世绘制的最成功的肖像画之一

这位四十一岁的男子身上尽显高贵和权威之态，他的政治才能和勇气为他赢得了至高的荣誉。(19世纪匿名画作，现藏于格勒诺布尔博物馆)

中饱私囊的征税官员。如若有人不服，他便革职查办。两个月后，72辆马车浩浩荡荡地将150万斤黄金运回了巴黎，这仅仅是两个省的税金。

"清洁地毯"

苏利由此开始了他权倾朝野的政治生涯。亨利在位期间任命苏利管理国家的财政、国防、交通、经济和贸易，亨利所有的决定都会与他商议，他已然成为亨利的心腹。两人几乎每天都要手牵着手在花园散步，商讨国家大事，用当时的话说犹如两个孩子一样。

苏利工作兢兢业业。每天早上四点，有时甚至三点钟，就会准时到达内阁。四点至七点，他研究文件，回复信件，做出裁决。七点在议院一直待到十点或十一点。下午的时间还安排了各种接见。

他工作起来废寝忘食，从不离开自己的办公桌，除非是"清洁地毯"的时候。所谓"清洁地毯"，意思是当天的事务必须当天全部处理完毕，绝不拖到明天。

亨利和苏利的成果显著，他们在和平时期的表现甚至比在战争时期还要突出。十六年来，他们成功地解决了法国的大部分问题。

唯一的伴侣

出身于尊贵却已没落的贵族门第，马克西米利安·德·贝蒂讷，即未来的苏利公爵，从十二岁起就是亨利的侍从。

此后，他曾陪伴他"唯一的主人"亨利经历圣巴托罗缪大屠杀、牢狱之灾、各种惨烈的战役等重重险阻。勇敢忠诚、斗志昂扬、不达目的誓不罢休的苏利成功振兴了法国经济，带领国家走向繁荣强大。（现藏于尚蒂伊孔代美术博物馆）

亨利四世 / Henri IV

跪求亨利

为人们所津津乐道的是，苏利深知在成为议院众矢之的之后总有一天会被国王革职，他在枫丹白露城堡的花园里跪求国王原谅。（18世纪的画作，现藏于波城古堡）

农业和畜牧业

农业生产是亟待解决的问题，因为要消灭饥荒，要让粮食大量回归市场，让法国人民能够养活自己。苏利有一句经典名言："农业和畜牧业是供养法国的双乳，堪比真正的矿山和秘鲁宝藏。"（"秘鲁宝藏"：南美洲的矿藏，给西班牙带来了巨额财富。）

亨利继位初年，一位名叫奥利维耶·德·塞尔的法国绅士出版了一本有关农业研究的书籍。几年来，这位极具创造力和求索心的人通过刻苦钻研还开创了一些新的农业种植方法，堪称农业革命。

肥料在当时还不为人所知。农业种植仅限于使用动物粪便。唯一改善土地的方法就是休耕，即每隔一年不耕种以便土地"休憩"。奥利维耶首创作物交替种植，例如今年种植小麦，明年放牧，既可以为动物提供草料又能获得肥沃的土壤。

农 民

亨利和苏利面前有两个重中之重，即让农民重拾信心并促进农业现代化。亨利很快颁布禁止士兵践踏麦田的法令，违者会被处以死刑。他大力推广维瓦莱新教徒奥利维耶在其长达1024页的著作中所开创的"农业科学"。他是第一个建议种植土豆并使用滚筒松土耕作的人，这种方式和今天我们所使用的农耕方式非常接近。

我们可以在一位修道院院长的回忆录中读到对法国农业复兴的溢美之词："当时我的脑海里只有兴奋。牲畜在田野里吃草，农民弯腰播种小麦，没有税务官和士兵胆敢前来打破这一美好景象。"

1610年，法国农村的富裕程度名列世界前茅，堪比"黄金国"（秘鲁，欧洲人在此开采大量白银）。

初耕场景

奥利维耶·德·塞尔著作中一副著名的插图：《田间耕作场景》，发表于1600年。

亨利四世 / Henri IV

丝绸、皮革和珍贵的木材

亨利热衷于奥利维耶的所有著作，传召他来巴黎，全力支持他出版书籍并鼓励他继续研究。苏利与之持有不同的意见，他认为这些只是天方夜谭。桑蚕的食物是桑叶，所以他鼓励种植桑树，大力推动桑蚕业的发展。当时法国所需的丝绸奢侈品都是从国外进口，在此之后完全可以自给自足。亨利还请来一位荷兰籍的沼泽排水专家，帮助贫困地区将贫瘠土地变成可耕地。

通过亨利和苏利的努力，法国的农产品产量在几年间大大充裕起来。农民们争相传颂："国王要让每个农民礼拜天都吃上鸡肉。"

纺织丝绸

纺织丝绸所用的丝线是熟蚕结茧时所分泌的蚕丝，因此需要用一种砂岩凝结剂和热水软化蚕茧，然后抽出蚕丝置于卷轴网上进行干燥。（乔安尼斯·史特拉丹奴斯书中的一页，16世纪）

举国上下的劳动与致富

其他创造财富和就业的领域和农业一样也备受重视。如同先前大力发展丝绸业一样，国家极力推动皮革、林木、纺织和珠宝业的发展。整个法国重拾信心，举国创业。

减税的举措大大降低了人民缴税的压力，经济的振兴也让法国成功地偿还债务并摆脱危机。

充盈的国库让苏利可以重整军队。他命人铸造了上百门当时最先进的大炮，并且在国王炮兵团的支持下平定了叛乱。法国士兵拥有当时全欧洲最好的收入和饮食，而且会按时发放薪资，因此拥有很强的战斗力。

另外，亨利也大兴教育。首先，他建立了中等学校，也就是今天的初高中，并按耶稣会模式进行管理，而这些耶稣会士是亨利在执政初期驱逐出境的敌人。

法国最大的路政官

法国的面貌焕然一新，对人民生活影响最大的还是道路交通的改善。宗教战争时期，道路长年失修，即便是国家最为重要的交通主干道也是坑坑洼洼，若遇强降雨，根本无法使用。苏利曾任"大路政官"，主要负责法国的道路建设。他下令重修道路，拓宽道路，构建路网，并在道路两旁种植大量榆树，酷暑时大树为行人遮阳，寒冬时木材供家庭取暖。法国能有如此庄严气派的林荫大道，都是亨利和苏利的功劳。苏利还发展了其他的交通方式，如建立邮局、制造马车和开凿运河。他很清楚一个国家若要健康发展，必须道路通畅，来往便利。

17世纪道路拐角一处（私人收藏）

自此，就像弗拉芒人让·布鲁格尔在图中所绘的那样，行人和农民可以在整齐又阴凉的道路上行走，这幅图的灵感源于当时的现实生活场景。（德·沃鲁尔语）

亨利四世 / Henri IV

美丽的首都

国王希望巴黎成为欧洲最美丽的首都。他下令建造了一座华丽的桥梁，即新桥，并命令那些想要在新区建房的臣民按照设计师统一的外观设计进行建造，因此巴黎涌现了许多全欧洲都羡慕不已的景点、广场和林荫大道，如皇家广场，即现在的孚日广场。太子广场也是亨利的杰作。这些建筑都遵循统一的原则——每个市民都要遵守国王的上层设计规划，因此国王未花费一分一毫，就使巴黎市容的美观达到了历史的巅峰。最后，卢浮宫和其他皇家城堡如枫丹白露宫也进行了翻新和完善。亨利的意气风发和国家的蒸蒸日上显而易见。

毫无疑问，法国历史上从未出现过如此辉煌的快速复兴。仅仅十年时间，法国就还清了巨额外债，农业昌盛，国防稳固，

美丽的首都
在亨利最欣赏的建筑中，有两个广场尤为突出，即皇家广场和太子广场。皇家广场即我们今天所熟知的孚日广场，是由亨利的第一任设计师路易·梅特佐设计的，几年前亨利二世曾在此被人刺伤，以致殒命。（17世纪绘画，现藏于巴黎卡纳瓦莱博物馆）

贸易繁荣，曾出没在大街小巷和林间野地的盗匪也消失了，马路和桥梁四通八达，巴黎和一些大城市日益美观。这些成就使得法国成为欧洲公认的第一强国并造就了法国历史上最繁荣的时期之一，也让亨利深信自己作为一代明君将流芳百世。

小"羊群"

全欧洲都流传着这样一段佳话：在西班牙大使觐见亨利这一重大外交场合中，亨利问道："大使先生，您有孩子吗？"他惊讶地看到国王四肢着地，模仿马的样子嘶鸣着、旋转着，而王储骑在他的背上，还有一群王子围着他们拍手欢闹。亨利将他的所有孩子都安排在圣日耳曼一起抚养。只要时间允许，他就会来陪伴他的子女，牵着他们的小手笑着和他们交谈。他还教子女们挥鞭，尤其重视让王储学会这一技能。他说："等将来他登基为王，就可以用鞭子抽人，没人敢反抗。"

童年的王子与公主们

自从与玛丽的第一个孩子路易出生后，亨利不仅精心照顾自己的合法子女（路易，即未来的路易十三，伊丽莎白、克里斯蒂娜、加斯东和亨利埃特），也善待其他婚外子女。

| 法国王储 | 奥尔良公爵 | 阿尼奥公爵 | 克里斯蒂娜公主 | 伊丽莎白公主 |

亨利四世 / Henri IV

亨利和孩子们一起玩耍
国王四肢趴地扮作马同孩子们玩耍，这一让西班牙大使大吃一惊的场景曾被许多画家争相描绘，本画出自画家安格尔之手。（现藏于巴黎小皇宫博物馆）

亨利埃特、雅克琳娜、夏洛特和其他情人

亨利的情感生活在宫闱之中惹得人们津津乐道。继雅克琳娜之后，亨利也经历过几段风流韵事，可惜都只是过眼云烟，直到夏洛特·德·埃萨尔的出现。1609年，55岁的亨利参加了早已变为"挚友"的玛戈王后举办的一场盛大舞会。芭蕾舞演员们在台上翩翩起舞，公主和命妇们都戴着面纱。亨利心不在焉地观看着表演。人群中出现了一个十分迷人的面孔，他目不转睛地注视着这位美人，发现她面带微笑，专注地观看演出。她也叫夏洛特，名为夏洛特·德·蒙莫朗西，当时只有15岁，来自法国的一个大家族。

亨利又一次坠入爱河，这也是最后一次。他年过半百，皱纹堆砌，两鬓如霜，竟然疯狂地爱上了一位妙龄少女！这或许让人觉得荒诞不经，但身为君主的他想要得到夏洛特并不难。

王权兴衰

首先，只有让夏洛特嫁做人妇才能摆脱待字闺中的种种束缚。亨利听闻她即将嫁给自己最好的朋友——巴松皮埃尔。这就好办了！亨利传召巴松皮埃尔进宫并对他说："我已经疯狂爱上了蒙莫朗西小姐，如果你和她成婚后她爱上你的话，我会恨你；如果她爱上我的话，你会恨我。你知道我很重视我们的友谊，但是我也不想失去她，所以你放弃她吧！"巴松皮埃尔低着头毫无勇气与国王争辩，无条件接受了。为了掩人耳目，亨利必须为夏洛特另寻夫婿，他灵机一动想到一个名叫孔代的外甥。此人不好女色，刚好能为他所用。5月的时候事情已经商妥。夏洛特和孔代的婚礼在王宫举行。亨利想到几天后他就可以拥有夏洛特便满面容光，可谁也没有料到孔代竟然反悔了。二十一岁的翩翩少年竟然被一个老头抢走妻子，这一定会成为整个法国的笑柄，因此哪怕他的对手是国王，孔代无论如何也不肯就范。于是他带着夏洛特先是逃到了外省，因为担心亨利穷追不舍，又逃到弗朗德勒寻求西班牙人的保护。夏洛特曾写信哀求亨利将她救回法国，这更是让亨利急不可耐、怒不可遏。亨利派人送信到布鲁塞尔，信中扬言如果不把夏洛特完璧归赵，他将亲率五万大军夺回夏洛特。为"情"开战，亨利的爱火可见一斑！

亨利最后一位情人

当国王爱上夏洛特·玛格丽特·德·蒙莫朗西时，她仅有15岁。与亨丽埃特和嘉布莉埃尔不同的是，这位少女浪漫又真诚。（弗拉戈纳尔绘画作品，现藏于尚蒂伊孔代美术博物馆）

129

亨利四世 / Henri IV

玛丽的加冕

与此同时，德国新教王子克莱夫刚刚去世，未留下任何子嗣，这位王子的属地权由法国、哈布斯堡和荷兰共同拥有。整个欧洲对这片属地的继承权都虎视眈眈。亨利支持克莱夫王子两个年轻的非嫡亲弟弟夺取继承权，他们两个是新教徒。他希望他们将来能和法国公主结婚。戏剧性的事情发生了：统治马德里和维埃纳的哈布斯堡家族也突然介入此事；西班牙和奥地利的一支军队占领了克莱夫的封地。这对法国来说是一个莫大的威胁，因此亨利决定开战，但是存在很大的风险。曾经为解决宗教问题而辛苦作战，现在这一问题像回旋镖一样再次重现。所有人都明白，一旦开战，法国面对的敌人不仅是日耳曼帝国和西班牙，还有联手帮助新教王子的天主教同盟。教皇该如何抉择呢？

宗教战争随时会卷土重来。亨利和苏利忙于备战。西班牙

法国王后玛丽

预料到战争期间国王和首相将会长时间离开法国，玛丽坚持举行王后加冕礼。亨利当时已经预测到自己将离开人世了吗？艺术家鲁本斯在包厢中将一切尽收眼底，完美地绘制出当时加冕礼的场景。（现藏于卢浮宫博物馆）

间谍在法国境内四处活动，他们利用当前的形势来打击亨利。法国上上下下都说亨利为了一个女人而发动战争，因此亨利和先前的历任国王一样失去了民心。人们唱着反对亨利的歌谣，嘲笑他的荒谬，甚至威胁他。

此时的亨利对战争也是忧心忡忡。如果自己遭遇不幸，法国该怎么办呢？玛丽王后一直以来都想获得加冕并代替自己九岁的嫡子摄政。亨利并不想举行这次加冕礼，但最终他还是妥协了，加冕仪式于1610年5月13日举行。

不祥的预感

次日，5月14日，王后加冕礼结束。亨利总算松了一口气，可他的情绪依旧非常低落，彻夜难眠。他向亲信述说他的不详预感，此举非比寻常。难道是因为人民不再爱戴他了吗？尽管前一天在人群中抛撒金币，也无一人向他高喊"国王万岁"。总之，他在犹豫是否要离开卢浮宫出去走走。他对巴松皮埃尔说道："我预感我可能无法前往德国了"；他曾低声对仆人说道："我心乱如麻……"

最后，亨利强打精神，决定走出卢浮宫。可去哪里呢？不论去哪，出去走走也总是好的。他想到去拜访苏利。他遣走近身护卫，坐在缓慢行驶的马车后座，只留八个随从跟在车后。当马车驶进巴黎狭窄又繁忙的街道时，窗外风和日丽，亨利拉开了马车窗帘，想要观赏他亲手造就的巴黎美景。但是，此时毫无一人注意到一个身材高大瘦削、红棕色头发、满脸胡须的男子坐在一个界石上。当国王的马车驶过时，他站起了身，悄悄跟在车后。

国王的护卫都知道此人就是弗朗索瓦·拉瓦亚克。三十一岁的弗朗索瓦过着颠沛流离的生活，他当过仆从，进过监狱，在家乡昂古莱姆的学校教过书。年轻时他想当神职人员，可因

亨利四世 / Henri IV

拉瓦亚克的匕首

这把方形匕首是刺杀亨利四世的武器。当时拉瓦亚克手握这把匕首刺死了亨利，后来被坐在国王旁边的拉弗尔斯侯爵夺下，旁边还有埃佩尔农公爵、利昂库尔公爵、拉瓦尔丹元帅、蒙特巴宗公爵、罗克洛尔公爵和米拉波侯爵。

为精神失常而被辞退。他经常散布怪诞的观点。由于他精神脆弱，易狂躁，再加上对国王不利的流言越来越多，几个月前他萌生了刺杀亨利的想法。自1月以来，他多次来到巴黎想要面见亨利，想要劝说他放弃战争，否则就将他刺死。他甚至在卢浮宫被捕，护卫对他进行了搜查，再三犹豫之后又将他释放了。但是所有搜查他的护卫都没有发现绑在他腿上的那把匕首。拉瓦亚克的暗杀行动反反复复尝试了十次，每一次都坚定前来却犹豫离开。

费罗内雷大街

　　两辆推车驶过费罗内雷大街狭窄的街道，一辆载满酒桶，另一辆则是干草，很难错开借道。在一家名叫"一见钟情"的旅馆门前，立着一块很高的界石。此时一名本该紧守在国王马车一旁的随从弯下腰系袜带，亨利像往常一样，手臂搭在同座人的肩上，给同座人看一封信。眼见时机到了，拉瓦亚克一脚踩着石碑，一脚踏上车轮，纵身跃上马车，连刺了亨利三刀。电光火石之间，亨利仅说了一句"这是小事一桩"，刀已经刺进心脏。

　　随从们立即将亨利抬回卢浮宫，将他安放在椅子上。王后尖叫着，孩子哭喊着。此时的他双手紧握，双眼紧闭，已经停止了呼吸。纳瓦尔国王亨利四世，继而成为法国国王的亨利四世就这样离开了人世。

　　这时发生了一件法国历史上最震撼人心的事情。前一秒，

王权兴衰

人民还说不再爱戴自己的国王,因为他们只看到他的过错。可当亨利遇刺身亡,人们立刻意识到从未停止过对亨利的爱戴。凶手拉瓦亚克被判五马分尸,以平人民痛恨之情。此后,法国人民争相称颂"好王亨利"的事迹。时光荏苒,亨利在人民记忆中成为一个传奇。他与众不同,比任何一位国王都亲民,前人后辈无人可比。他的功绩超出了人民的期待,让人民之间的仇怨烟消云散,更让每个子民重新爱上自己的国家。四个世纪过去了,这位爱民如子的国王的音容笑貌却从未被法国人民忘却。

亨利头像

据说1793年一些革命者挖掘出了"好王亨利"的尸身,发现其保存完好。据传,图中的亨利头像为当时根据出土尸体进行的铸模。(现藏于巴黎圣热纳维埃夫图书馆)

亨利离世

被抬到卢浮宫长椅上的时候,亨利已经奄奄一息。画家皮埃尔·贝热雷用19世纪的画艺结合想象描绘了亨利四世遇刺时王宫里的慌乱场景。(现藏于波城古堡)

亨利四世 / Henri IV

大事纪年

1548 年 10 月 20 日	安托万·德·波旁与让娜·德·阿布莱特结婚。
1553 年 12 月 13 日	未来的亨利四世在波城出生。
1555 年 5 月	亨利的外祖父亨利·德·阿布莱特去世。
1557 年	亨利第一次来到法国王宫。
1559 年 4 月	法国与西班牙签署《卡托-康布雷齐条约》。
1559 年 7 月 10 日	法国国王亨利二世去世。十五岁的弗朗索瓦二世登上王位。
1560 年 12 月 5 日	弗朗索瓦二世去世；十岁的查理九世登基；凯瑟琳·德·美第奇在查理九世成年前辅佐其执政。
1561 年 3 月	安托万·德·波旁成为法兰西王国的中将。
1561 年 8 月	亨利来到法国王宫。
1562 年 3 月 1 日	瓦西大屠杀爆发，第一次宗教战争拉开序幕；科利尼成为胡格诺派军队首领；让娜·德·阿布莱特被丈夫安托瓦·德·波旁赶出王宫。
1562 年 10 月	安托万·德·波旁在鲁昂（新教徒控制城市）包围战中受重伤死亡；《圣日耳曼昂莱敕令》：新教徒可以在城市外围自由做礼拜。
1563 年 3 月 19 日	签署和平协议，颁布《安布瓦斯敕令》；新教徒可以在家做礼拜并拥有了信仰自由的权利。
1564 年 1 月	环法之旅开始；亨利也在队伍中。
1567 年 1 月	让娜·德·阿布莱特带走亨利并一起逃回贝阿恩。
1567 年 9 月	第二次宗教战争爆发。
1567 年 11 月 10 日	路易·德·孔代和科利尼带领新教徒在圣德尼作战。
1568 年 3 月 23 日	达成《隆瑞莫和约》，拉罗谢尔地区属于新教徒。
1568 年 11 月	让娜与亨利同新教首领在拉罗谢尔会和。
1569 年	第三次宗教战争爆发。

1569 年 3 月 13 日	雅尔纳克战役中新教徒惨败，路易·德·孔代亲王阵亡；亨利成为新教首领。
1569 年 10 月 3 日	新教徒在蒙孔图尔再次败北。
1570 年 7 月 29 日	《圣日耳曼昂莱敕令》同意新教徒享有在市外自由做礼拜的权利和为期两年的四个设防安全区：拉罗谢尔、蒙托邦、科涅克和卢瓦尔河畔拉沙里泰；协议要求亨利·德·纳瓦尔与玛格丽特·德·瓦卢瓦成婚。
1572 年 3 月	让娜再次回到布洛瓦王宫，于 7 月 9 日在巴黎逝世，亨利成为纳瓦尔国王。
1572 年 8 月 18 日	亨利和玛格丽特成婚。
1572 年 8 月 24–26 日	圣巴托罗缪大屠杀。
1572 年 9 月 26 日	亨利公开宣布放弃新教。
1573 年 1 月	第四次宗教战争；天主教比隆公爵率军包围拉罗谢尔。
1573 年 5 月 11 日	安茹公爵亨利当选波兰国王，他是查理九世的弟弟，也是后来的亨利三世。
1573 年 6 月 24 日	《普瓦提埃敕令》终结了此次战争。
	弗朗索瓦·德·阿朗松是国王最小的弟弟，是"不开心"的源头。
1574 年 5 月 30 日	查理九世逝世。亨利三世从波兰返回法国，成为法国国王。
1574 年 9 月	第五次宗教战争。
1576 年 2 月 5 日	亨利·德·纳瓦尔和弗朗索瓦·德·阿朗松在多次尝试之后逃离巴黎。
1576 年 5 月 7 日	《博略和约》允许巴黎和一些封闭城市的人们享有宗教信仰自由。
1576 年 6 月 13 日	亨利·德·纳瓦尔放弃天主教信仰，成为新教军队的首领。
1576 年 6 月	为了"捍卫信仰"，反对给予新教徒利益，神圣联盟在吉斯家族的倡导下成立。
1577 年	第六次宗教战争：天主教徒在卢瓦尔河畔拉沙里泰和伊苏瓦尔大获全胜。
1577 年 9 月 17 日	《贝尔热拉克和约》，限制了之前给予新教徒的自由和权利；天主教徒在新教徒聚居地重新获得宗教信仰自由。

亨利四世 / Henri IV

1578 年 10 月 2 日	凯瑟琳·德·美第奇和亨利·德·纳瓦尔会面。纳瓦尔王宫在内拉克建立。
1579 年 2 月	天主教和新教在内拉克举行会谈，最终洽谈的结果是继续维持两个教派相互平衡的政策。
1580 年 4 月	第七次宗教战争爆发于朗格多克，又称"情人战争"。
1580 年 11 月 26 日	《弗莱克斯和约》承认新教徒对在内拉克获取的 14 个设防安全区享有 6 年而非 6 个月的支配权。
1581 年	法国新教教堂密使聚集在蒙托邦，亨利·德·纳瓦尔成为新教教堂保护者。
1582 年 4 月	玛格丽特重返法国宫廷。
1583 年 5 月	国王亨利三世和亨利·德·纳瓦尔试图拉近关系。
1583 年 8 月	国王将王妹玛格丽特逐出王宫，送回给她丈夫。
1584 年 6 月 10 日	弗朗索瓦·德·安茹逝世，亨利·德·纳瓦尔成为王位继承人。
1584 年 12 月	神圣联盟准备再次反抗新教徒和亨利三世，与西班牙缔结了《茹安维尔条约》。
1585 年 3 月	玛格丽特归附神圣联盟。
1585 年 7 月	亨利三世在内穆尔被迫加入神圣联盟，成为对抗新教徒的天主教军队的首领。
1586 年	法国西部和西南部爆发的三亨利之争的开端（第八次宗教战争）。
1587 年 10 月 20 日	亨利·德·纳瓦尔在库特拉战役中获胜。
1588 年 5 月 12 日	亨利三世在巴黎的街垒日当天逃出这座城市。
1588 年 7 月	亨利·德·吉斯作为巴黎的主人，安排了一些神圣联盟成员担任要职。
1588 年 12 月 23－24 日	亨利三世下令谋杀亨利·德·吉斯和吉斯红衣主教。马耶纳公爵是亨利·德·吉斯的弟弟，独自一人领导神圣联盟。

1589 年 1 月 5 日	凯瑟琳·德·美第奇于布洛瓦逝世。
1589 年 4 月 30 日	亨利三世与亨利·德·纳瓦尔在普莱西斯–莱兹–图尔和解。
1589 年 7 月	亨利三世与亨利·德·纳瓦尔联合包围巴黎。
1589 年 8 月 1 日	亨利三世被一位名叫雅克·克莱蒙的天主教联盟修道士在圣克鲁刺杀；亨利三世手下的天主教士兵不接纳亨利，无奈之下，亨利只得举兵包围巴黎；亨利四世登基；《圣克鲁宣言》：亨利四世允诺在法国保留天主教；国王在诺曼底与天主教开战。
1589 年 9–10 月	在阿尔克战败的天主教联盟军队退守至庇卡地；亨利四世围攻巴黎失败，退守至都兰。
1590 年 3 月 14 日	亨利四世接连在都兰、缅因和诺曼底取胜，最后取得伊夫里大捷。
1590 年 4 月	亨利四世再次包围内穆尔公爵镇守的巴黎。
1590 年 7 月 27 日	尽管饥荒严重，巴黎仍不投降；法尔内塞率领的西班牙军队和马耶纳的军队前来增援巴黎，亨利不得不放弃包围计划。
1593 年 7 月 25 日	亨利四世在圣德尼与新教决裂。
1593 年 11 月 8 日	天主教联盟军队与王室军队停战。
1594 年 2 月 27 日	亨利四世在沙特尔加冕为法国国王。
1594 年 3 月 22 日	亨利四世进入巴黎。
1595 年 1 月 17 日	亨利向西班牙宣战。
1595 年 6 月 5 日	亨利在丰坦弗朗赛斯获胜。
1596 年 1 月	天主教联盟军队首领马耶纳和茹瓦约斯承认亨利四世为法国国王。
1596 年 8 月	马克西米利安·德·贝蒂讷，即未来的苏利公爵成为财政大臣。
1597 年 3 月 11 日	西班牙军队突袭亚眠。

亨利四世 / Henri IV

1597 年 9 月 19 日	尽管奥地利大公率军前来增援，西班牙军队最终还是投降。
1598 年 4 月 13 日	签署《南特敕令》：授予大多数新教徒信仰自由并能在城市自由做礼拜的权利；新教徒重新拥有了公民应有的权利。
1598 年 5 月 2 日	与西班牙签订《韦尔万和平协议》。
	亨利决定迎娶嘉布莉埃尔·德·埃斯特蕾。
1599 年 4 月 10 日	嘉布莉埃尔在巴黎逝世。
1599 年 12 月 17 日	亨利与玛格丽特解除婚姻。
1600 年 6–8 月	同查理·埃马纽埃尔一世即萨瓦伊公爵作战。
1600 年 10 月 5 日	亨利被迫迎娶玛丽·德·美第奇。
1601 年 1 月 17 日	签署《里昂协议》，结束与萨瓦伊公爵的战争。
1601 年 9 月 27 日	王太子即未来的路易十三降生。
1603 年 1–3 月	国王游览洛林。
1603 年 12 月	国王身患重病。
1607 年	纳瓦尔和贝阿恩在加冕礼上重聚。
1610 年 2 月 11 日	亨利与新教王子联盟在圣日耳曼罗马帝国的哈雷签署协议。
1610 年 5 月 13 日	玛丽·德·美第奇加冕为后。
1610 年 5 月 14 日	亨利遇刺；路易十三继位；国会宣布由王后玛丽摄政。

索　引

弗朗索瓦·德·阿朗松，阿朗松公爵，随后是安茹公爵：38，44，50，54，58，59，63

戴安娜·德·昂端，又称科丽桑德：60，61，62，70

弗朗索瓦·德·巴松皮埃尔：129，131

罗歇二世·德·贝勒加德：94，95，96

阿尔芒·德·孔陶，比隆男爵：59

波旁王朝：65，83，92

安托万·德·波旁：5，10，11，14，15，20，65

亨利一世·德·波旁，第二代孔代亲王：46，58

亨利二世·德·波旁，第三代孔代亲王：129

路易一世·德·波旁，孔代亲王：34，35，46

查理二世·德·科塞，布里萨克元帅：102

约翰·加尔文：16

凯瑟琳·德·美第奇：17，18，22，32，36，38，39，40，43，46，47，62，66，74，79，114

查理九世：17，18，24，25，38，42，43，44，46，47，49，50

雅克·克莱蒙：82

科利尼，加斯帕·德·沙蒂永，又称科利尼上将：34，36，37，42，43，44，45

英格兰女王伊丽莎白一世：74，77

亨丽埃特·德·恩泰奎斯：113，114

夏洛特·德·埃萨尔：128

嘉布莉埃尔·德·埃斯特蕾：95，96，110

弗朗索瓦一世：7，11，14，18

弗朗索瓦二世：17

加斯东·德·富瓦，又称费布斯：6，7，115，127

亨利一世·德·洛林，第三代吉斯公爵，又称刀疤吉斯：71

路易二世·德·吉斯，又称洛林红衣主教：43，67，71，79

约翰内斯·古藤伯格：16

亨利二世：14，17，18，37，38，39，63，65，126

亨利三世（安茹公爵）：22，34，44，49，50，54，59，62，63，65，66，67，69，74，75，78，79，80，81，83，84，86，94

亨利·德·阿布莱特：4，5，7，11，12，13，65

让娜·德·阿布莱特：11，27

安娜·德·茹瓦约斯：68，69，110

路易九世（圣路易）：38，64，65

路易十一：64，80

路易十三：127

马丁·路德：16

玛格丽特·德·昂古莱姆，玛格丽特·德·纳瓦尔：11，16，65

法兰西的玛格丽特，玛格丽特·德·瓦卢瓦，又称玛戈王后：15，37，41，60，65，94，128

139

玛丽·德·美第奇：106，114，115

玛丽·斯图亚特：17，77

查理·德·洛林·德·吉斯，马耶纳公爵：71，85

米奥桑家族：13

夏洛特·德·蒙莫朗西：128

米歇尔·德·诺特达姆，又称诺查丹玛斯：28，29

安布鲁瓦兹·巴累：21

西班牙的腓力二世：74，76，77，106，107

弗朗索瓦·拉瓦亚克：131

圣-日耳曼的神甫于连：79

奥利维耶·德·赛尔：122，123，124

苏利公爵，马克西米利安·德·贝蒂讷，罗斯尼男爵：92，119，121

瓦卢瓦王朝：46，63，64

图画价目

封面：主要文献：比洛 – 正面图案：RMN，波城古堡；罗歇·维奥莱；MAHV 默东；RMN，波城古堡 – 反面图案：RMN，波城古堡；AKJ 图画；RMN，卢浮宫；AKJ 图画；RMN，波城古堡；塔朗迪耶。

6RMN，波城古堡 –7RMN，波城古堡 –8RMN，卢浮宫 –9 埃迪梅迪亚 –11 吉罗东。12-13RMN，波城古堡 –14J.-L. 沙梅 –15RMN，卢浮宫 –RMN，波城古堡 –16RMN，枫丹白露宫 –17RMN，波城古堡 –18 塔朗迪梅亚 –19 罗歇·维奥莱 –20（d 和 g）罗歇·维奥莱 –26G. 塔格利·奥尔蒂 –27RMN，波城古堡 –29RMN，卢浮宫 –30-31 斯卡拉 –33RMN，ATP。

34-35 AKJ 图画 –36 塔朗迪耶 –37 埃迪梅迪亚 –38 塔朗迪耶 –39 洛罗·吉罗东 –40AKJ 图画 –41AKJ 图画 –42AKJ 图画 –45 塔朗迪耶 –46AKJ 图画 –47 埃迪梅迪亚 –48（d 和 g）AKJ 图画 –49 塔朗迪耶 –51AKJ 图画；塔朗迪耶 –52RMN，波城古堡 –53 吉尔东 –55 洛罗·吉罗东。

56-57RMN，波城古堡 –58RMN，卢浮宫 –59AKJ 图画 –60RMN，波城古堡 –61RMN，波城古堡 –62RMN，波城古堡 –64 罗歇·维奥莱 65RMN，波城古堡 –67 洛罗·吉罗东 –69 吉尔东 –70RMN，波城古堡 71MVP 图画 –73RMN，波城古堡 –74RMN，波城古堡 –75AKJ 图画。

76-77 洛罗·吉罗东 –79 洛罗·吉罗东 –80 洛罗·吉罗东 –82 洛罗·吉罗东 –84 西翁·拉福 –85 洛莱特·吉尔东 –86AKJ 图画 –87RMN，埃库昂 –89RMN，波城古堡 –90AKJ 图画 –91RMN，凡尔赛和特里阿农宫。

92-93RMN，凡尔赛和特里阿农宫 –94RMN，波城古堡 –95RMN，凡尔赛 –96 吉罗东 –97RMN，波城古堡 –98RMN，波城古堡 –99AKJ 图画 –101RMN，波城古堡 –103MAHV 默东图画 –105（d 和 g）图画选集 –106 比洛 –107 塔朗迪耶。

108-109 洛罗·吉罗东 –110RMN，波城古堡 –111 吉尔东 –112 塔朗迪耶 –113 洛罗·吉罗东 –114 吉尔东 –115（d 和 g）塔朗迪耶 –116 罗歇·维奥莱 –117RMN，波城古堡 –118 塔朗迪耶 –119 塔朗迪耶。

120-121RMN，波城古堡 –122 埃迪梅迪亚 –124 格勒诺布尔博物馆 –125 洛罗·吉罗东 –126RMN，波城古堡 –127RMN–128 埃迪梅迪亚 –129 埃迪梅迪亚 –130 吉尔东 –131 罗歇·维奥莱 –131 罗歇·维奥莱 –133 吉尔东 –134RMN，卢浮宫 –136 图画选集 –137RMN，波城古堡，J.-L. 沙梅。

合作作者

雅尼娜·马于济耶

玛丽·马蒂娜·萨尔蒂奥

玛格丽特·德·马尔西亚克

插图

阿特利耶·多米尼克·图坦

版面设计

丹尼埃尔·鲁泽尔

肖像图

维维安·伯杰

热罗姆达库尼亚

制图

卡尔

（本书插图的图片版权人请联系中国社会科学出版社）